U0895145

公司靠团队打天下 企业靠凝聚定江山

——打造狼性团队，筑就蚁群精神

王鹏华◎著

中国出版集团 研究出版社

图书在版编目(CIP)数据

公司靠团队打天下 企业靠凝聚定江山:打造狼性团队,筑就蚁群精神 / 王鹏华著. — 北京:研究出版社, 2017.3

ISBN 978-7-5199-0012-0

Ⅰ. ①公… Ⅱ. ①王… Ⅲ. ①企业管理-组织管理学 Ⅳ. ①F272.9

中国版本图书馆 CIP 数据核字(2016)第 289222 号

公司靠团队打天下 企业靠凝聚定江山

作　　者　王鹏华 著
责任编辑　陈侠仁
出版发行　研究出版社
地　　址　北京市东城区沙滩北街 2 号中研楼
邮政编码　100009
电　　话　010-64257418(总编室)　010-64267325(发行部)
网　　址　www.yanjiuchubanshe.com
电子邮箱　yjcbsfxb@126.com
印　　刷　北京柯蓝博泰印务有限公司
开　　本　710mm×1000mm　1/16
印　　张　13
版　　次　2017 年 3 月第 1 版　2017 年 3 月第 1 次印刷
书　　号　ISBN 978-7-5199-0012-0
定　　价　36.00 元

前　言

伟大的创业者比尔·盖茨说，“没有完美的个人，只有完美的团队”；现代管理学之父彼得·德鲁克说，“企业成功靠的是团队，而不是个人”。可以说，任何一个缺乏团队精神的公司必将成为市场竞争中的牺牲品，任何一个缺乏团队精神的员工必将成为影响公司团结奋进的障碍物。

1994年，世界著名管理学家斯蒂芬·罗宾斯首次提出了“团队”这一概念，即为了实现某一目标而由相互协作的个体所组成的正式群体。而在此后的十余年中，“团队”这一概念已经延伸到了社会组织中的无数个领域内，其中影响最大的一个延伸概念就是“公司团队”。

实际上，从1602年3月20日起，世界上第一家股份公司荷兰东印度公司成立之后的几个世纪里，公司不但改变了人与人之间的联系，还改变了世界竞争秩序，每一个乡村，每一个城市，每一个国家都处在公司编制的大网之中，而在大网上起节点作用的公司无疑都是领先全球水准的大型跨国公司，这些大型跨国公司最明显的一个特质，就是拥有一支团结奋进的竞争团队——强大的公司团队力量就是推动公司发展的最强动力，能够让任何一家名不见经传的小公司成长为影响世界的超级大公司。

2010年，中国超越日本成为世界第二大经济体。全球经济界普遍预测，中国有望在2020年超越美国，成为世界第一大经济体，国际货币基金组织更预测，用购买力平价计算，中国最快可在5年内跃居世界第一。可是，当我们开始憧憬未来的时候，不利的消息却接踵而至：世界经济运行风险逐步增大、进出口贸易量日益萎缩、GDP增幅跌破8%、人力资源成本上升、原材料价格居高不下、公司融资困难等问题在开始不断影响中国经济增长，让中国公司遭遇到了前所未有的发展困境。

就在市场环境越来越残酷之际，很多的中国公司并没有展现出强烈的抵御能力，所表现出的却是老板跑路和员工跳槽，两种极端的表现方式从侧面体现出了中国公司的经营现状：缺乏契约精神的管理者和员工之间没有形成良好的合作关系，公司团队力量微弱就是阻碍中国公司当前发展的最大一块绊脚石。

因此，中国公司就必须把增强公司团队力量当作可持续发展的第一要务。只有让每一名员工融入团队、甘愿为团队贡献自己的力量才能够追求更大的成就。公司老板要想让员工坚定地追随自己，跟着自己一起在创业之路上奋勇向前，就必须尊重员工，理顺团队人际关系，善于激励员工，建立良好的团队合作环境；公司员工要想让自己获得老板的赏识，让自己成为公司团队中不可或缺的那一个人，就必须热爱公司团队，善于学习，保持积极的工作劲头，有决心融入到公司团队中去——当一家公司团队能够像电视剧《亮剑》中的独立团一样，有一个能带好兵又冲在最前面的领导，和一群面对敌人就嗷嗷叫着往上冲的士兵，那么不管他们经历多少的炮火洗礼与生死磨难，都会在逆境中崛起，在硝烟中凝聚成为永远的丰碑，因为他们是一支拥有无限战斗力的超级团队。

目　录

第1章　团队力量：敢于“亮剑”的团队才是最有力的市场竞争者

第2章 团队领导：优秀的管理者是公司团队迅速发展的关键

第3章 团队凝聚：凝聚力量是公司团队拥有超强竞争力的根基

第4章 团队目标：统一明确的奋斗目标使公司团队迈上新台阶

第 5 章　团队竞争：
良好的竞争机制让公司团队成为企业的中流砥柱

第 6 章　团队制度：
完善管理制度让公司团队拥有完美发展体系

第 7 章　团队执行：
只有执行到位的团队，才能为公司赢得市场地位

第9章 团队发展：高效率是公司团队快速成长起来的最大“引擎”

第 10 章 团队创新：

拥有强大创新能力的团队让公司一直站在市场之巅

第 11 章 团队生存：

抱团前行的公司团队让企业走出行业的寒冬

第 12 章 团队危机：拥有强烈风险意识的公司团队才会永葆活力

公司靠团队打天下
企业靠凝聚定江山

第1章

团队力量：敢于“亮剑”的团队才是最有力的市场竞争者

热播电视剧《亮剑》中的独立团团长李云龙说，“面对强大的敌手，明知不敌也要毅然亮剑。即使倒下，也要成为一座山，一道岭。纵然是敌众我寡，纵然是身陷重围。但是，我们敢于亮剑，我们敢于战斗到最后一个人。一句话，狭路相逢勇者胜。就是我们这支军队的军魂。剑锋所指，所向披靡”。

伟大的公司团队从来都无惧激烈的市场竞争，而且敢于在竞争对手面前亮出自己手中的利剑，而每一支敢于“亮剑”的公司团队都有着超乎寻常的竞争力。因为，敢于“亮剑”的公司团队都是最具团队精神、最富有竞争意识的集体，没有团队精神与竞争意识的公司团队注定只能是一盘散沙，最终的结局只能是在残酷的竞争浪潮中被无情地淹没——团结就是力量，团结就是公司团队迈向伟大的奠基石。

1. 公司团队需要“亮剑”精神

敢于“亮剑”的公司团队就如同所向披靡的团队，他们用最原始也最智慧的方式征服着一片又一片市场，一个又一个年代——他们是世界上最伟大的团队！

——团队格言

阿里巴巴集团创始人马云说：“公司不是一个人的，公司不能被任何一个人‘绑架’。一个伟大的公司背后必然有一支伟大的团队。”

世界上最具“亮剑”精神的战斗团队非狼群莫属。不论是在皑皑白雪覆盖的草原上，还是在闷热潮湿的山林中，它们从来都结伴而行。遇到危险的时候，它们团结一心，面对强大的对手敢于主动出击，在激烈的市场竞争中赢得最终的胜利。

因此，每一支拥有“亮剑”精神的公司团队都有一个共同的特点，他们都具有“狼性”，是一支勇往直前的狼性团队。对于任何一家公司而言，铸就有“亮剑”精神的竞争团队，就能够让所有的员工忠诚地留下来，为公司的发展贡献自己的聪明与才智。

所以，每一个企业管理者都应该明白：为企业注入“亮剑”精神，是公司从竞争激烈的市场上成功突围的关键因素，更是自己肩膀上最应该扛起的一项光荣使命——培养有“狼性”的员工，打造有群狼精神的团队，就能够让企业像一群狼一样勇往直前，成为一家敢于“亮剑”的伟大公司。

【团队力量】 一个人的性格决定自己一生的命运，一个民族的性格决定一个国家的命运。同理，一个企业是否拥有“亮剑”精神，也决定了这个企业能否成为基业长青的伟大企业。

2.“亮剑”精神让公司团队快速成长

我们是一支优秀的公司团队，用自己的汗水和智慧去对抗强大的竞争对手，以做世界上最伟大公司团队的成员为骄傲！

——团队格言

对于任何一个公司团队而言，“亮剑”精神不能只成为一句空口号，而应该是融入血液中的一种基因，不断地为团队的发展提供强大的驱动力。

“亮剑”，意为临危不惧，在强敌面前，仍有亮剑的勇气，就算死也要死得有尊严，在敌人心目中，有一种骨气，或是说剑客的尊严。古代剑客们在与对手狭路相逢时，无论对手有多么强大，就算对方是天下第一剑客，明知不敌，也要亮出自己的宝剑，即使倒在对手的剑下，也虽败犹荣——这就是“亮剑”精神！所以，将“亮剑”精神渗透进企业文化中，成为每一个人的人生信仰，那么肯定会为企业的发展带来巨大的帮助——企业会像草原上的雄鹰一样，拥有无所匹敌的战斗力，在广阔的天空中展翅翱翔。

【团队力量】 “亮剑”精神是一种不断进取的精神，在进取中团结协作、坚韧不屈，这就是优秀的公司团队为什么能够高高地站在市场竞争链最顶端的真实原因。因为，他们从来都是一支敢于亮剑的队伍！

3. 狼群精神是公司团队之魂

要想成为市场上最有竞争力的企业，就必须像狼群一样，团结一致去击溃所有的对手。

——团队信念

丰田喜一郎说：“狼是一种富有进取心的动物，更是我们学习的对象，它们非常团结，以团结的力量去击败敌人。”

什么是狼群精神？答案不是凶狠贪婪，更不是嗜血好杀，而是“永恒的团结”——团结是狼群的最高信仰，让它们在各种困难艰险的环境下相信自己的伙伴，一起挺起胸膛去面对残酷的生存斗争，最终使得它们能够成为食物链上最有竞争力的团队。

对于每一个梦想着做大做强的企业管理者来说，他们最应该做的就是让自己成为一只头狼，并为自己的公司团队注入狼群精神——做一匹有野心、能服众的头狼式管理者，打造出一支能够像狼群一样团结竞争的公司团队来，最终让自己的企业像狼群一样在市场上来往奔突、所向披靡。

所以说，狼群精神是公司团队最应该注入的精神，应该成为每一支公司团队的竞争之魂！

【团队力量】 狼群精神就是一种在战斗中精诚团结的精神——只有将狼群精神当作一种竞争信仰，真正地融入到企业文化中的企业管理者，才会打造出一支像狼群一样充满战斗力的竞争团队！

4. 公司团队要有“血性”

血性是就是一种凝聚力，是永不退缩的代名词。

——团队格言

强烈的“血性”，是优秀公司团队永远都离不开的精神“兴奋剂”，更是他们一直保持强势的内在动力之一。

一支缺乏“血性”的公司团队，就是一群对市场竞争失去嗅觉的创业者，他们没有进取心，由强者逐渐变成弱者，最终成为一个在市场竞争链上等待被消灭的团体。因此，企业一定要为整个团队注入“血性”，打造出一支敢于“亮剑”的强势团队，如此方能成为市场竞争中的强者。

那么，企业如何为自己的团队注入血性，打出一支敢于“亮剑”的强势团队呢？

(1) 淘汰畏缩困难没有进取心的员工。

优秀的公司团队之所以一直保持着强烈的“血性”，从来都在市场竞争中处于强势地位，关键就在于他们能够淘汰那些不敢直面强敌的弱者，每一个留下来的人都是敢于和公司同命运共呼吸的强者。所以，优秀的公司团队能够一直不断前进，保持团队的强势，成为竞争对手眼中最畏惧的竞争者。

(2) 保持一颗血性的心。

保持一颗血性的心，这是优秀公司团队一直处在市场竞争链的最上端的关键因素。正因如此，他们能在每一次竞争中，都像狼一样睁着血红的双眼，勇猛地扑向对手，最终从激烈的市场竞争中突围而出。

【团队力量】 公司团队要保持强势，就必须将那些畏惧苦难的员工淘汰掉，让每一个留下的员工时刻都保持着血性，这样才能够让公司团队永远成为竞争对手最惧怕的强者。

5. 顽强是公司团队制胜的第一武器

优秀公司团队的最高行动准则就是拼搏到底，用顽强压倒一切竞争对手。

——团队格言

欧洲历史上最伟大的军事家拿破仑说过：“最困难的时候，也就是我们距离成功最近的时候。”

优秀公司团队的成员们在遭遇困难的时候，往往只会做出一个唯一的选择，那就是顽强地拼搏到底，将属于别人的胜利掠夺在自己的手中。因此，优秀公司团队最为显著的标志就是——顽强。

而对于一个团队而言，顽强就是团队的命脉——不够顽强的团队，天生就是一个经受不起惊涛骇浪的团队，这样的团队在激烈的竞争中只能被拍打成为一段段漂浮在水面上的朽木，最终悄无声息地消失……

让一个团队变得顽强，面对困难敢于迎难而上，这就需要企业管理者为团队注入优秀的竞争文化。当每一个团队成员都能在困难面前睁着血红的双眼、奋勇向前的时候，那么这个团队就是一个标准的强势竞争团队，顽强将成为团队成员性格中最为突出的一面。

【团队力量】 一个顽强的团队，是一支生机勃勃的团队，他们无惧竞争，会踩着“对手的尸体”让自己走向最终的辉煌！

6. 懦弱，这是失败者的标签

懦弱本身就是一种耻辱，它从来都是距离真正的强者最远的东西。

——团队格言

懦弱，这是每一个人都最不愿意贴在自己身上的标签。而对于富有“亮剑精神”的优秀公司团队而言，懦弱一直是距离他们的最远的东西——敢于亮剑的团队中没有懦夫，因为这是一个容不下弱者的团队。

一个懦弱的公司团队无论如何也不会成为优秀的团队，因为这样的团队天生是一群兔子，而不是一群翱翔于长空的雄鹰。那么，如何才能够为公司团队注入“亮剑”精神，撕下懦弱的标签呢？

(1) 增加压力，用压力撕下身上那枚写着“懦弱”的标签。

优秀公司团队之所以容不下懦夫，就是因为他们整日整夜都面临着沉重的竞争压力。所以，企业管理者在进行团队建设的时候，一定要懂得给团队成员增加压力，让他们时刻都保持着“饥饿感”，在压力下成长为一名敢于亮

剑的勇猛干将。

(2) 不断激励，把习惯做一只羊的团队成员激励成为像狼一样的人。

激励，这是世界上最好的培养手段。企业管理者应该掌握足够的激励方式，培养出优秀的团队成员，从而打造出一个敢于亮剑的勇猛团队。

【团队力量】 把一个懦弱的团队打造成为一个敢于亮剑的公司团队，这是一件非常有挑战性的工作。因此，公司团队管理者在掌握了正确的方法之时，还应该坚持不懈地做下去。

7. 向紧抱成团的蚁群学习

团结产生力量，凝聚诞生希望。

——团队信念

珞巴族有句名谚："三人省力，四人更轻松，众人团结紧，百事能成功。"不管前方的道路是多么地坎坷，也不管未来距离它们是多么地遥远，一只只不起眼的小蚂蚁却总是不停地在创造着属于蚁群的奇迹——它们因小而聚，因聚成团，最终以团队力量改变了自己的命运，成为了世界上最团结最富有竞争力的"蚂蚁军团"。

一只只看似无比弱小的蚂蚁，都能够因为团结而顽强地生存下去。可是，我们的很多企业在有着优秀的人才、先进的生产技术、雄厚的发展资本等竞争优势的情况下，却连一只只"蝼蚁"组成的蚁群都比不过，他们在激烈的市场竞争中丢盔弃甲、一败涂地。

归根结底，就是因为这些企业缺少抱团精神、不够团结——因为缺乏抱团精神，导致优秀人才在内讧中频频外流；因为缺乏抱团精神，导致先进的生产技术无法最大化发挥；因为缺乏抱团精神，导致资本利用效率低下或是大量被占用……

从表面上看这类企业拥有超强的竞争力，但实际上却是一个“纸老虎”一样的竞争体。因此，对于这类企业而言，他们急需去做的事情就是——为企业注入抱团精神，上至管理者下至一线员工，都应该团结一致，甘于平凡，注重公司团队的成长性，能够在团结一致中集合各种资源，并将各项优势最大化地发挥出来，从而让公司团队像蚁群一样焕发出无限活力，最终成长为行业中的领军企业！

【团队力量】 蚁群之所以追求抱团精神，就是因为它们都明白：生而弱小不是活不下去的理由，而是奋发雄起的起点——任何一个企业不是一开始就很强大，而是在团结一致中激发出了公司团队的潜力，在团结中获得了超强的发展力，最终跨入了优秀企业的行列。

8. 活着就是为了战斗

生命就是一场战争，活着就是要永不停息地去战斗。

——团队格言

贝多芬说，“我要扼住命运的咽喉”。点燃生命荣光的火把，就是我们自身的战斗力，是我们对于成功与胜利的渴望。

做企业做的不仅仅是产品，还应该培养出一群敢于竞争的人才。面对风浪四起的市场，每一名公司团队成员都要乘风破浪一马当先地战斗，而不是缩着脖子向后退，做一个毫无颜面的后退者。所以，公司团队需要向每一个成员灌输强烈的竞争精神，将每一个成员都武装到牙齿，使之成为一个勇于出击的强势团队成员，这样才能够在残酷的市场竞争中勇往直前，创建令对手敬畏和羡慕的丰功伟绩。

所以说，活着就是为了战斗，这是永远颠扑不破的真理，也是优秀公司团队的发展哲学！

【团队力量】 优秀公司团队之所以是完美团队的典范，是因为它们都明白：生命本身就是一场奇迹，我们来到这个世界上并不是为了享受，因为享受往往要付出生命沉沦的代价，只有战斗才是唯一的出路。

9. 呐喊出生命的最强音

我们是一群主宰者，活着就是要与命运抗争，呐喊出生命的最强音。

——团队格言

有这样一则寓言故事：曾经，有一匹生活在一个山谷中的孤狼。它又老又瘸，还瞎了一只眼睛，总是独自生活在远离狼群的山洞里。它每天早晨起来都会爬上高高的山顶，在那里遥望着远方，不停地嘶嚎，天天如此，年复一年。与它比邻而居的老虎感到非常的不可理解：“这个看东西都模糊不清楚的老孤狼，天天在山顶上遥望什么呢？又为什么而嘶嚎呢？”

一天，老虎实在忍不住了，便向它问道：“你天天早晨爬上山顶远眺和嘶嚎，到底是为了什么呢？”老孤狼微微一笑，说道：“我被淘汰出了狼群，但是我的心还留在那里，每一天清晨我的心都能够感受到我的战友们的心跳，能够感受到他们扑向猎物之时的凶狠。我老了，也瘸了，还看不清楚东西了，但是我还是要面朝着他们战斗的地方嘶嚎，为他们呐喊助威，呐喊出狼群生命的最强音。”

如果一个公司团队的成员都有故事中老孤狼的品性与作风，会为公司团队的发展挖掘出自身的所有力量，那么这个团队就会催生出最强的市场竞争力，从而让自己所在的企业不断迎来一个又一个的业绩高峰。

【团队力量】 让每一个成员都能把自身的实力全部释放出来，并且把这些力量都集中起来，那么就能形成强大的团队力量，就能够击败所有的竞争对手，让公司团队发出足以震撼任何竞争对手的“最强音”。

10. 世上永远没有打不败的敌人

人生没有永远过不去的坎，因为这世上没有永远打不败的敌人。

——团队格言

有志者、事竟成，破釜沉舟，百二秦关终属楚；苦心人、天不负，卧薪尝胆，三千越甲可吞吴。

世界上根本就不存在永远无法击败的敌人，只要我们能够卧薪尝胆，有破釜沉舟的勇气，那么我们就能够击败任何一个敌人。

团队是什么?

团队就是一个“凝聚器”，将每一个人的战斗力都凝聚在一起释放出更大的威力。如果一个公司团队在市场一直打败仗，总是走不出失败的怪圈，每一个竞争对手看起来都像永远无法击败的对手。很遗憾，真正输给竞争对手的最大原因可能不是因为我们没有足够的实力，而是因为我们没有更好地团结在一起，没有将我们每一个人的战斗力都发挥出来。

所以，一个团队一定要有这样的思想认识——市场上永远没有打不败的敌人，只有没有发挥出最大战斗力的公司团队。

【团队力量】 集中，集中，再集中！永远不要相信对手是不可战胜的，只有将团队的力量都集中在一起，建立更有效的发挥机制，那么我们可能就会成为竞争对手眼中那个“永远无法战胜的敌人”。

11. 命运掌握在自己手里

我们从来都不屈服于命运的安排，只有将命运把握在自己手中的团队才是真正的胜利者。

——团队格言

杰克·韦尔奇说："我们应该清楚，公司的命运是掌握在我们自己的手中，而不是掌握在竞争对手的手中，放下所有的包袱，去拯救公司的命运，比希望得到竞争对手的怜悯要好得多。"

优秀公司团队之所以能够成为行业中的楷模，就是因为他们从来都将命运掌握在自己的手里——只有能够掌握自己命运的人，才能够称得上"王者"。

公司团队从建立的那一天，就开始承受巨大的市场竞争压力。如果我们没有把握自己命运的意识，仅仅只是做一天看一天，那么和念一天经书撞一天钟的和尚有什么区别？所以，我们应该向优秀公司团队学习，学习他们不屈服于命运的精神，牢牢地将命运掌控在自己的手中。

【团队力量】 不想着去改变自己的命运，不想着去主宰自己的命运的公司团队，注定是一群乌合之众。因为，一直将自己的命运掌控在别人手中的人，永远是屈服于别人的人，也永远是一群庸庸碌碌且没有尊严的人。

12. 追求成功，但不投机

投机不是一种智慧，而是一种赤裸裸的愚蠢，因为投机成性的人，最终都像赌徒一样输得一无所有。

——团队格言

世界是一个充满诱惑与陷阱的地方，这里是弥漫着残忍的杀气的战场。作为一名公司团队成员，要想让自己和团队都取得成功，就必须拥有一颗追求成功的心，因为只有成功者才能够活下去。

可以说，成功从来都属于努力勤奋的拼杀者，而那些寄希望于投机钻营获取成功的人，他们可能会是一时的成功者，但是他们不会一辈子都成功。

任何一个团队，在向梦想的路途上前行时，都不能寄希望于捷径，而是应该用智慧和激情不断地去提升自己的速度——脚步走稳了，速度变快了，才能够早一日实现团队梦想。

因此，管理团队就如同做人，投机钻营只能是赌徒的选择，而不应该是一个理性的团队管理者所为。

追求成功，但不投机，这是一个优秀团队管理者所必须具备的素质，也只有这样的团队管理者才能够打造一个不断获取成功的狼性团队。

【团队力量】 成功从来没有捷径，每一次投机都有可能带来很大的创伤。所以，优秀的公司团队都会在踏实做事的基础上追求成功，而不是寄希望于通过投机让自己赢得成功。

13. 软弱退让危及公司团队

寸步不让是一种气魄，软弱退让是一种耻辱——敢于亮剑的公司团队从来不会退让，哪怕遇见更为强大的对手。

——团队格言

著名诗人北岛说：“卑鄙是卑鄙者的通行证，高尚是高尚者的墓志铭。”

为什么说卑鄙者会拿着“卑鄙者通行证”横行世间，而高尚者却要将自己的高尚带进坟墓中去呢？原因很简单——高尚者往往宽容大度，善于忍让，而卑鄙者总是利用高尚者那颗炙热的良心去实现自己卑鄙阴暗的目的，因为他们总是将别人的宽容忍让当作软弱退让。

因此，每一个公司团队管理者都必须明白：在每一次竞争中都不能够软弱退让，而是应该一往无前，利用好竞争对手暴露出来的弱点，给予竞争对手致命一击。所以，公司团队的领导者应该记住这样一句话："在市场这个大战场上，软弱退让的好人往往被暗算，只有勇猛地去向对手发起攻击，才能够做市场上的强者。"

【团队力量】 在市场的竞争中，最能够做大做强的公司团队绝对不是"老好人型"团队，而是那些锐意进取，勇敢向前的公司团队。

14. 敢于露出獠牙的团队最厉害

狼群从来不相信眼泪，它们最相信的就是自己的獠牙。

——团队格言

何谓"獠牙"？獠牙是动物的上颌骨或下颌骨上长出来的发育非常强壮的、没有牙根的、不断继续生长的牙齿，这些牙齿远远伸出这些动物的腭，尤其是狼的獠牙可以用来体现实其在群体中的地位。

獠牙，一直都是狼的自信心的来源。一只狼，没有强壮、尖锐的獠牙，并不是最可怕的事情，最可怕的事情就是自己不敢露出獠牙——不敢露出獠牙的狼，就是狼群中的弱者，它们随时都有可能被淘汰。

敢不敢与别人一决高下，这一直是困扰很多人的一个问题。许多人总是说着豪言壮语，可是一上场的时候就打蔫，这种人无疑就是有獠牙却不敢露出獠牙的狼。换句话说，这种有獠牙却不敢露出獠牙的狼，它们连一只猎狗都比不过。

因此，企业管理者在打造一个有狼性的团队之时，一定要注意：千万不能培养出一批只有獠牙而不敢露出獠牙的团队成员！这样的团队成员，充其量都是一帮"门面货"，对于企业的实际发展根本不会起到多大作用！

【团队力量】 一个具有“亮剑”精神的公司团队，必定是一个具有狼性的公司团队，因为他们的创业字典中没有退缩一词，他们大多数时候都像狼一样——“我们从来不相信眼泪，我们只相信自己的獠牙”。

15. 敢于吃亏的团队最强大

敢于吃亏的人，才是真正的大智大勇者。

——团队格言

“吃亏是福”，这是中国传统文化中历经久远流传下来的一句古训，也是一个重要的处事原则。但是，很多人可能都不会想到：狼群对于这一处事原则的运用，一点儿都不比人差。

敢于吃亏，是一种智慧，因为“吃亏就是一种麻痹，是一种诱敌深入，会让竞争对手在我们的陷阱中陷得更深，从而达到一举击败竞争对手的目的。”

一个公司团队，如果不是一个敢于吃亏的团队，那么，这个团队就是一个鲁莽的团队，一个不理性的团队，甚至可以说是一个没有企业发展战略思想的团队。试问一下，在当前这个竞争激烈的市场上，有哪个团队可以轻松战胜竞争对手，让自己成为消费者眼里的“宠儿”？

答案是没有——要想战胜对手，就必须学会吃亏，忍受眼前的挫折，争取为以后的成功赢得机会和奠定基础。

【团队力量】 敢于吃亏不是一种放弃，而是一种以进为退。只有懂得以进为退的企业，才能够在竞争激烈的市场上进退有据，永远立于不败之地。

16. “亮剑”团队：用狼的眼光审视世界

用狼的眼睛去看待这个世界，你会发现无处不在的竞争就是这个世界的全部。

——团队格言

每一支敢于“亮剑”的公司团队都应该学会用狼的眼光去审视世界——用强者的眼光去主动认识这个世界，不惧怕，不犹豫，能够迅速地适应环境，快速地在辽阔的天地间寻找到一片属于自己的丛林或雪原。

竞争一直都是贯穿人类繁衍与社会发展的一条主线，也正是这一条主线催生出了无数的强者，狼就是其中之一。所以，每一头狼在从母狼的怀抱中走向它的领地之时，它的眼睛最先看到的就是竞争——在充满血腥味的竞争中，谁的眼光更独到，谁的眼光更锐利，谁就能够赢得竞争，从充满血腥味的竞争中找到一条通向成功的大路。

所以，任何敢于亮剑的公司团队都要学会用狼的眼光去审视世界，善于捕获机会，让企业获得更好的发展！

【团队力量】 发展才是硬道理！只有能够像狼一样看到发展机会并能够把握好机会的公司团队，才是真正优秀的公司团队！

17. “亮剑”精神是企业的成功阶梯

“亮剑”精神是企业的“魂”，是企业不断攀登上新高峰的阶梯。

——团队格言

周少雄，“七匹狼”制衣实业有限公司的董事长。浑身充满了“亮剑”精神的他，在创建了“七匹狼”这一国内知名服装品牌的同时，也打造出了一个敢于亮剑的企业。可以说，不论对于周少雄还是“七匹狼”公司而言，“亮剑”精神是其走向成功的重要阶梯。

1990 年，周少雄创立了“七匹狼”这一品牌，在此后的几年间“七匹狼”在中国服装市场上创造了很多的商业传说。但是，令人意想不到的是，在中国服装业发展最为迅猛的 1995 年，“七匹狼”却遭遇了溃败，由原来的强势品牌转变成了弱势品牌。

面对挫折，周少雄和其他高层管理者及时反思，决定向企业注入富有“亮剑”精神的狼性文化，用“亮剑”精神重振“七匹狼”的雄风。

当全国的绝大多数服装企业还在继续着数十年不变的销售模式时，周少雄和他的“七匹狼”采用了新的销售模式——批发渠道改成总代理制，后来又开创出全新的特许专卖经营模式，而且将企业文化与企业品牌进行了双重塑造，最终使得企业成功突破重围，成为了销售者最欢迎的品牌之一。

现在，“七匹狼”的商业神话依旧在继续。而对于其他企业而言，它们更应该向周少雄和“七匹狼”学习——“亮剑”精神不单单是一种企业精神，更是一个企业的性格，它能够让公司团队的血管中流淌着不屈服的血液，敢于面对一切对手，另辟蹊径，成功地走出一条属于自己的成功之路。

【团队力量】 “物竞天择，适者生存。”没有一成不变的市场，只有泥古不化的企业。企业要想获得好的发展，就应该注入“亮剑”精神，不断适应市场环境，积极进取，努力开拓。

18. 在绝境中成长

绝境不代表着死亡，因为有一种精神叫作“置之死地而后生”。

——团队格言

不管我们陷入怎样的绝境，都应该相信：有一种精神叫作“置之死地而后生”！

20 世纪 90 年代初，他是美国商业界第一偶像，他的风头盖过了闻名天下的传奇 CEO 杰克·韦尔奇，他就是著名的管理大师李·艾克卡。

毫无疑问，艾克卡就是一个富有“亮剑”精神的职业经理人。22 岁的时候，他以一名普通推销员的身份进入福特汽车公司，最后成长为这家超级企业的总裁。

生性顽强，个性十足的他因为经常坚持己见而顶撞老板福特，最终在 54 岁那年被气量狭小的亨利·福特解聘辞退。遭遇老年失业的艾克卡，转而投向了全美另一家大汽车公司克莱斯勒。

在艾克卡进入克莱斯勒公司的时候，这家公司正面临着巨大的经营危机，此时公司三个季度连续亏损了 1.6 亿美元。就是在这样的一种绝境中，艾克卡上任了。他上任后最先告诉公司所有人的一句话就是：“绝境不可怕，相反我们还会快速成长起来。”

就如同他所说的那样，他带领着所有员工努力向前，并且带头做出示范——仅仅领取象征性的一美元工资。在他进入克莱斯勒公司后，企业迅速扭转了颓势，1982 年，“道奇 400”新型敞篷车先声夺人，畅销市场，多年来第一次使克莱斯勒公司走在其他公司前面……

从艾克卡这位富有“亮剑”精神的管理者身上我们可以看到：对于任何一个团队而言，陷入绝境并不可怕，只要自己不放弃，就可能“置之死地而后生”！

【团队力量】　绝境并不代表着是必死之地，因为只要自己的血管中依然汩汩地流淌着热血，只要自己的眼睛还能分辨出光明与黑暗，我们就有机会让自己走出绝境。

19. 江湖上最强悍的霸主是最先“亮剑”的人

江湖从来都是战乱纷争之地，而最强悍的江湖霸主往往都是最先“亮剑”的人。

——团队格言

江湖依旧在，大哥不复回……

开启中国杀毒软件市场第一个辉煌时代的王江民，无疑是一位富有“亮剑”精神的创业者，是杀毒软件市场上的第一个武林盟主。然而，在 2010 年 4 月 4 日，创立了江民杀毒软件品牌的王江民不幸因病去世……

王江民的去世，让杀毒软件市场的竞争激烈气息，传递给了每一个关心这片江湖的人。因为，在王江民还健在的时候，就有一位敢于先亮剑的创业者开始在杀毒软件市场上崭露头角。这位创业者就是奇虎 360 的董事长周鸿祎。

如果说，王江民是中国杀毒软件市场上第一个冲出来并占领了大片江湖的大佬，那么，后来的周鸿祎无疑是现在最为出众的新武林盟主。

2009 年 10 月，中国杀毒软件这片江湖陷入了前所未有的竞争中，江民、金山、瑞星等各大企业正在进行你死我活的激烈竞争。就是在这一个月内，富有“亮剑”精神且具有敏锐眼光的周鸿祎，率先祭出了“永久免费”的绝招。结果是，曾经风光无限的江民、金山、瑞星等江湖巨鳄纷纷战败，新冲出来的周鸿祎和奇虎 360 成为中国杀毒软件江湖上的新“武林盟主”……

对于每一个公司团队的创建者来说，都应该像周鸿祎那样去做——在竞争激烈的市场上，要强悍，要有魄力，敢于打破常规，才能够做得更好，让公司成为所在“江湖”的霸主。

【团队力量】 强悍就是一种所向披靡的强势，每一个强悍的人都是走在成功之路上的人。所以，一个强悍的公司团队就能够创造出一个拥有行业“霸主”地位的企业！

第2章

团队领导：优秀的管理者是公司团队迅速发展的关键

杰克·韦尔奇说："管理者要管理好一家公司必须拥有出色的领导力，你要明白公司的成功不仅仅是你一个人的事情。在你成为领导者以前，成功只同自己的成长有关。当你成为领导者以后，成功都同别人的成长有关。"要想成为公司团队的灵魂人物必须具备什么样的条件？是地位，是权力，还是声誉？毫无疑问，管理好一支公司团队需要较高的地位，能够大展身手的权力和令人尊崇的声誉，但是这些都不是最主要的，问题最标准答案就是——任何一名想成为公司团队灵魂的管理者，都必须拥有卓越的领导力。而纵观世界企业发展史，无数优秀的公司和企业家也以其自身经历告诉我们：公司生存发展的关键就是要有一位具有出色领导力的管理者，因为他能够带领大家赚到钱、活下来，最终让公司迈进辉煌的发展巅峰。

1. 谁是最优秀的团队核心

最优秀的团队核心，就是整个团队的领路人。

——团队格言

谁是最优秀的团队核心？答案就是，那个能够带领团队走向辉煌的人。

可以说，在任何一个优秀的公司团队中，其管理者就是当仁不让的核心，因为他们把整个公司团队的兴衰都押在他的肩膀上——以自己的魅力和优秀的管理手段，将每一名团队成员都紧紧地团结在自己身边，让整个团队发挥出强大的团队力量。

在市场环境越来越残酷的今天，公司团队如果没有一个出色的团队核心，就势必不能在市场竞争中生存下来，因为这是一个市场竞争异常激烈的年代。

所以，培养出优秀的团队管理者就成为了一个优秀公司团队必须去做好的事情——只有培养出了优秀的团队管理者，才能够提升团队凝聚力，制定出适应市场发展的企业战略，研发出比竞争对手更优秀的产品，最终成为市场上的“霸主”。

【团队力量】 团队核心是决定一个团队的高度的关键因素，所以培养优秀的团队管理者对于企业来说，无疑是决定企业命脉的事情。

2. 纵横市场，舍我其谁

只有那些梦想着成为纵横市场的团队管理者，才有可能成为卓越的团队管理者。

——团队格言

舍我其谁是一种霸气，敢叫板天下所有英雄豪杰的霸气。

作为一名公司团队的领袖，如果没有纵横天下、舍我其谁的霸气，他就不配做一名团队领袖。

实际上，团队的核心人物有了舍我其谁的霸气，能够为团队带来两个好处：对内能够稳固自己的领袖地位，有效地指挥每一个团队成员；对外能够为公司团队树立一个强势的形象，有效地震慑竞争对手，从气势上压倒竞争对手。

所以，那些缺乏舍我其谁的霸气的公司团队领袖，就应该让自己多一点“硬度”，对内对外都展现出自己强势的一面。如此，才能够让自己变得更优秀，也让公司团队变得更优秀。

【团队力量】　舍我其谁就是要凡事都勇往直前，敢于相信自己是天下第一，永远相信自己和团队通过不懈的努力就能够战胜一切对手。

3. 信念成就卓越的团队领袖

我有着最坚定的信念，我也必须坚定自己的信念不动摇，因为我是头狼。

——团队格言

信念就是灵魂深处最坚定的东西，哪怕上刀山下火海，都无法把它从灵魂中挖走——那些优秀的公司团队管理者从来不会让自己的信念动摇，因为他们就是整个团队的“灵魂”。

然而，在普通的公司团队管理者中，却有很多的团队领袖都无法保持坚定的信念，这使得他们的团队总是“形聚而神散”，表面上看很强大，实际上却是一只“纸老虎”。其中最主要的原因就是——团队管理者都不相信团队会做大做强，那么团队成员又怎么会有这种奢望呢？

因此，要想成就一个卓越的公司团队，企业领袖就必须拥有永不动摇的坚定信念。

【团队力量】 坚定自己的信念不动摇，这是成为一个合格的企业领袖的关键因素之一。所以，要想改变自己和公司团队目前的不利状况，就请先从坚定自己的信念开始。

4. 头狼就必须有绝对的优势

我之所以是狼群中至高无上的领袖，就是因为我有着他者远远无法企及的优势。

——团队格言

头狼，是整个狼群中地位最高的狼——它们未必有着狼群中最漂亮的皮毛，也未必有着狼群中最大的块头，但是它们绝对有着狼群中最聪明的头脑和过人的管理手段，因为它们肩负着整个狼群的荣誉与存亡。

这，就是头狼的优势。同样，对于一名公司团队领袖而言，要让自己成为团队中最有权威的人，就必须让自己成为团队中最优秀的人，有着其他团队成员都无法比拟的优势。

换句话说，当你成为了团队最出色的那一位时，其他人还有什么理由不听你的？

【团队力量】 绝对的优势不仅仅表明团队领袖的才能，更多是一种驾驭团队的底气。所以，要想做一个成功的团队领袖，就必须在团队中充分发挥自己的绝对优势。

5. 犯错不可怕，可怕的是失去斗志

天塌下来，地陷下去，都比不上失去斗志可怕，因为这会让我们变成不折不扣的失败者。

——团队格言

在创业的道路上，谁都难免会犯一些错误，我们唯一能够做的就是尽量减少错误，保持斗志，努力地带领整个团队去打拼。

但是，很多的公司团队领导者，在犯了一些错、碰到一些挫折之后，就开始丧失斗志，变得一蹶不振，使得整个公司团队陷入了发展的困境之中。

而在优秀的公司团队之中，管理者就算犯一些错误、走一些弯路，也绝对不会失去斗志。因为他们知晓，一旦自己失去了斗志，就会让整个团队都变得士气低落，根本无法像之前一样战斗，只能让整个团队一天天地走向分崩瓦解。

所以说，对于任何一个公司团队领导者而言，犯错不可怕，可怕的是失去斗志。

【团队力量】 做一个有斗志的团队领袖，这是对团队的负责，也是对自己的负责。

6. “意识到”就要带头去做

生命容不下拖延，因为拖延是对生命最大的浪费。

——团队格言

优秀的团队管理者从来不会浪费自己敏锐的直觉，每当“意识到”什么事情的时候，都会马上带头去付诸行动。因为他们知道，“意识到”而不带头去做，仅仅指望依靠下属去做，很多时候并不能让自己的想法得到最完整的实现。

然而，在很多普通的公司团队中，团队的领导总是在“意识到”的时候却没有带头“行动到”，总是觉得下属会去做。结果导致团队中的很多出色创意白白流失，最终让团队遭受到了很多的损失。

可以说，“意识到”就带头去做的团队领导就是卓越的团队领导，“意识到”而不带头去做的团队领导就是不负责任的团队领导。

【团队力量】 让自己的灵感变成生产力，变成企业利润，这应该是公司团队领导最应该去做的事情，而不是死板地等待着下属去完成。

7. 狼图腾：完美的团队精神

我就是狼群的图腾，因为我是团队的象征，我是狼群中最有团队精神的头狼。

——团队格言

头狼，就是狼群中永远飘扬的旗帜，更是狼群的精神图腾。而头狼之所以能够成为狼群的精神支柱，就是因为它象征着完美的团队精神——以一己之力维护着整个狼群。所以，它们就是天生的团队领袖，天生是世界的统治者。

对于一个公司团队而言，如果团队领导者缺乏团队精神，将所有的团队成员视作自己谋取利益的工具，总是做着表里不一的事情，那么，这样的人不但不能够称之为团队领袖，简直就是团队的“蛀虫”，迟早有一天将整个团队蛀空，让大家都陷入失败的绝境。

因此，一个公司团队的领导者就应该向头狼学习，让自己成为团队的象征，成为团队的精神图腾，这样才能够让团队凝聚在一起，努力地去创造一个辉煌的未来。

【团队力量】　完美的团队精神，不但能够成就一个像头狼一样优秀的公司团队领袖，更能够成就一个像狼群一样的优秀团队。

8. 勇于承担责任

肩负起公司赋予自己的职责，这是团队管理者一生中最荣耀的事情。

——团队格言

不管情况多么危急，不管未来会怎么样，那些优秀的团队管理者都会勇敢地承担起自己的责任，绝不后退。

从那些优秀的团队管理者的身上可以看出：勇于承担责任就是一种高贵的团队精神，是一个团队领导者是否胜任的重要因素之一。

在市场竞争中，面对竞争对手的步步紧逼，公司团队的领导者一定要勇敢地昂起自己的头，不害怕不后退，坚定决绝地担起自己肩膀上的千斤重担——当你勇敢地担起自己肩膀上的责任时，你可能会在蓦然回首间发现，原来自己的能力这么大，原来自己就是那个最适合公司团队的管理者。

所以，做公司团队，就是要求团队领导者能够勇敢地承担责任，勇敢地用自己的肩膀扛起整个团队的未来。

【团队力量】　勇于承担责任，就是要对公司团队负责到底，要让自己成为公司团队的“基石”，扛起整个公司团队的未来。

9. 领导智慧：不计较一己之利

我们不会去关心自己的私利，因为心系全局的团队管理者是不能计较一己之利的。

——团队格言

他们从来都不会去计较一己之利，因为他们是优秀的团队管理者——他们是整个团队的利益分配者，只有自己全力付出，其他的成员才会更加努力地去付出。

不计较一己之利，这是优秀的团队管理者的管理智慧，因为它能够让团队更团结更有战斗力。同时，对于一名公司团队领导者而言，在工作中不计较一己之利，就是一种充满智慧的豁达的表现。这能够让每一个团队成员看到自己那颗为了团队不惜付出一切的心，能够为其他人做出表率，使得公司团队变得更温暖，让每一个成员都感受到团队领导者对于整个团队成员的爱。从而，让公司团队成员更加积极地去奉献，为公司团队的发展做出更大的贡献。

【团队力量】 不计较一己之利，这不是一种吃亏，而是一种“占便宜”，因为领导者的吃亏能够换来整个团队的增益。

10. 有谋略才能做团队管理者

只有一身的蛮力而没有谋略，这样的人只能是“尖兵”，而不是指挥团队冲锋陷阵的“将军”。

——团队格言

谋略是一个团队领袖最不能缺少的东西，少了谋略的团队领导者只能做“将”，而不能成为担负着团队命运的“帅”。

优秀的团队管理者往往就是有勇有谋的典型代表，他们不但能够带领团队冲锋陷阵，更能够指挥团队纵横市场，从竞争对手手中夺取一场又一场胜利。

正因如此，有欠缺的公司团队管理者就必须向他们学习，既要能够带着大家冲锋在第一线，更要多谋善断，让公司团队在更好的时机发动更好的进攻，从而让公司团队像狼群一样不断地获胜，在市场上闯出一番名堂来。

【团队力量】　要做一个有谋略的团队领导，就必须努力提升自己的思维能力，积极地增加自己的阅历与管理能力，从而让自己成为有谋略的公司团队领袖。

11. 领导力决定团队未来

领导力就是团队掌控力，优秀的团队管理者，必定是有着很强领导力的团队领袖。

——团队格言

一个团队领袖是否有着很强的领导力，决定了这个团队未来的命运。

优秀的公司团队管理者，一定是会不断增强自身领导力的人。因为他明白：在当前这个弱肉强食的年代，没有超强的团队领导力，自己的团队只能成为其他竞争对手眼中的猎物。

那么，公司团队管理者怎么做才能够不断地提升自身的领导力呢？

(1) 做一名学习型领导者。不断地学习，就会让自身的领导力得以提升。

(2) 注重管理艺术。优秀的领导都是管理艺术大师。所以，要提升自己的领导力，就必须注重管理上艺术性，让每一个成员都爱戴自己。

【团队力量】 公司团队管理者如果是不合格的团队领导，就请马上开始做出改变，从提升自身的领导力开始。

12. 何谓领导：当断则断，绝不犹豫

果断，果断，再果断一些，才能够让自己成为世界上最出色的头狼。

——团队格言

每一次向强敌发动进攻时，头狼从来都不会犹豫，而是当机立断，马上将自己的作战意图付诸行动。因为，作为狼群的统领者，头狼必须在最快的时间内做出进攻与否的决断，如果过慢很有可能就被对手占得先机，导致狼群处于被动挨打的局面。

当断不断，反受其乱。对于一名公司团队管理者而言，当市场上出现机会的时候却因为惧怕风险而犹豫不决，总是抱着“再等等看”的思想，那么他绝对就是阻碍公司团队发展的那块最大的“绊脚石”。

所以，公司团队的管理者就应该将自己看作是一匹头狼，在该决断的时候果断行事，绝不拖泥带水，犹豫不决，如此才能够让公司团队获得更好的发展。

【团队力量】 思维快捷，决断敏锐，这是任何一个公司团队管理者都必须具备的基本素质。如果你是一个不够果断的公司团队“管理员”，那么就赶紧让自己改掉犹豫不决的坏毛病吧。

13. 善于思考，做团队的领路人

只有善于思考的人，才有可能成为最好的团队领袖，因为思考能够让人快速成长。

——团队格言

可以说，善于思考就是优秀的团队管理者取得成功的一个重要因素。那么，作为一名公司团队管理者该如何做才能够养成善于思考的好习惯呢？

(1) 凡事多问自己几个问什么。在激烈的市场竞争中，如果公司团队管理者缺乏缜密的思考，凡事不多问自己几个为什么，考虑问题就会太过简单，最后因为工作做得不够仔细而产生一些损失。更为重要的是，凡事多问自己几个为什么，能够让公司团队管理者更好地去思考，成为善于思考的团队领路人。

(2) 多给自己一点压力。合理地给予自己一点压力，就是给予自己一些思考的动力，让自己成为爱动脑子的公司团队管理者，在工作中变得善于思考，从而为公司团队创造更为辉煌的未来。

【团队力量】 作为公司团队的管理者，千万不要让自己的思维停滞下来，因为当你的思维停滞之时，就是团队裹足不前的时候。

14. 诚信为本，众口皆服

诚信，是兄弟们跟着我出生入死、浴血奋战的根本动力。

——团队格言

“道之以政，齐之以刑，民免而无耻；道之以德，齐之以礼，有耻且格”。这句话的意思是：“用政令来治理百姓，用刑罚来整顿他们，老百姓只求能免予犯罪受惩罚，却没有廉耻之心；用道德引导百姓，用礼制去同化他们，百姓不仅会有羞耻之心，而且有归服之心。”

因此，当我们身处公司团队领袖的高位之时，一定要讲诚信，必须明白诚信就是公司团队生存发展的根基。所以说，只有那些能够讲诚信的公司团队领袖，才会让自己的公司团队做大做强，因为他们能够让每一名成员都相信自己，都紧密地聚拢在自己的周围。

【团队力量】 诚信不仅仅是一种高贵的品质，更是一种能够让公司团队管理者实现飞跃的素养。因此，讲诚信的公司团队领导一定能够带出一支讲诚信的队伍！

15. 从不独吞，分享才能共赢

大者无域，相融共生，只有会分享的领袖才能被称为英雄，反之只能是枭雄。

——团队格言

很多的公司团队领导总是存在着这样一个思维误区：团队是我建立的，企业是我出资创办的，别人都应该是为我服务，他们凭什么与我分享企业利润。

毫无疑问，这是一种错误的思维，因为这种思维会让公司团队变得不稳定——每一个团队成员都是为了获取利益才加入的，如果团队领导一人独吞，那么这个公司团队必将瓦解。

所以，要想成为一名成功的公司团队领导，就必须学会分享——只有分享，才能共赢。

【团队力量】 分享就是让每一个团队成员都积极地参与进来，让大家在付出的同时，也得到自己应该获得的那份收获，这不仅仅是一种公平，更是一剂团队凝聚剂。

16. 伺机行动，把握机遇

我们富有强烈的冒险精神，但是我们绝不随便冒险，因为我们清楚地知道，只有伺机而动才能够把握住机遇。

——团队格言

优秀的团队管理者之所以能够带着团队不断地去扩大市场，让一个个胜利接踵而至。最为关键的原因就是，他们是把握机遇的强者——他们总是冷静地审视着整个市场，一旦发现了好的机会就马上行动，从来不会让机会白白地流逝。

伺机行动，把握好每一次机遇，这对于任何一名公司团队管理者而言，都是一种必备的素质。

身为公司团队管理者，只要能够把握好每一次机遇，就能够让公司团队获得不错的发展。所以说，公司团队管理者拥有伺机而动的超强能力，把握住机遇，就是对企业最大的贡献。

【团队力量】 机遇从来都是最为珍贵的东西，失去了就不会再来。所以，做一个把握机遇的高手，是每一个公司团队管理者必修的一门功课。

17. 谦虚豁达，赢得团队的尊重

谦虚豁达的人才能够称为领袖，因为他们能够赢得每一位团队成员的尊重。

——团队格言

法国哲学家罗西法古说：“如果你要得到仇人，就表现得比你的朋友优越；如果你要得到朋友，就要让你的朋友表现得比你优越。”

在这个竞争激烈的世界上，只有那些谦虚豁达的团队管理者能够让每一个团队成员成为自己的知己，率领整个团队齐心协力勇往直前。而那些总是妄自尊大，看不起下属的团队领袖，只能让自己成为团队中最令人反感的“小丑”，最终使得团队毫无凝聚力，直至土崩瓦解。

所以说，公司团队领导就应该做一个谦虚豁达的人——当团队成员表现得很好时夸奖他们，而不是嫉妒；当团队成员遭遇挫折的时候去安慰帮助他们，而不是愤怒地指责他们。

只有能够这样去做的公司团队领导，才能够成为一个出色的公司团队领导。

【团队力量】 让自己多一份谦虚，少一份自大，多一份豁达，少一份狭隘，那么你就会成为公司团队中最优秀的“头狼”。

18. 管理者一定要善良

善良，是最好的黏合剂，它能够让你的团队更有凝聚力。

——团队格言

美国著名作家马克·吐温说："善良是一种全世界通用的语言，它能够让聋哑人重新'听见'声音，也能够让盲人重新'看见'。"

播种善良，才能够收获希望。一个公司团队领袖，一旦不懂得用善良去对待团队成员，那么不管他有多么丰富的管理经验，即使他有着最为先进的管理手段，他都无法和团队成员打成一片。因为，对自己的团队成员保持一颗善良的心，体现出的不仅仅是一种关爱，更是一种尊重。

所以，做一个善良的公司团队领袖，应该是公司团队领袖职业生涯中永不停步的追求。

【团队力量】 对待公司团队成员保持一颗善良的心，不能是心血来潮，而应该长期坚持，因为善良所产生的好处与时间的长短是成正比的。

19. 狼群也有良心

良心，是这世界上最好的东西，因为它能够感动每一个人。

——团队格言

追求利润最大化，这是很多企业老板都共有的一个特性，毕竟老板就是利润的产物。但是，依靠盘剥克扣员工薪酬待遇来增加自己受益的企业老板，不但不是好老板，更是没有良心的公司团队管理者。

试想一下，一个总是盘剥克扣团队成员的人，能成为优秀的团队管理者吗？

答案肯定是不可能。所以，公司团队管理者在管理时应该时时摸一摸自己的良心，不要总是太过自私，给团队成员一份符合他们身价的薪酬待遇，这既是凝聚团队的最好方式，也是让自己和团队变得更为卓越的关键因素之一。

心与心的沟通，爱与爱的传递，本来是生活中稀松平常的举动。可是，为何有时爱心变成了奢望，善良也只能可望而不可即呢？反倒是那些看似毫不相干的人，在危难时伸出一双手，在渴望慰藉时掏出了一颗心。其实，爱是没有界限的，给善良设防的是冷漠的心。

【团队力量】 不要总是紧紧地盯着利益，搭建公司团队的本质不是赚钱，而是和与自己一起打拼的团队成员过上幸福的生活。

20. “恶”一点并不意味着坏一点

“恶”一点并不意味着坏一点，有时候扮演“恶人”是为了别人好一点。

——团队格言

成为公司团队中的“大恶人”，这是很多优秀的公司团队管理者都愿意去做的一件事情。因为，“大恶人”往往是团队中最有威慑力的那个人，他说的每一句话都会引起别人的注意，始终是团队中最有权威的那个人。

实际上，让公司团队管理者做一名“大恶人”，并不是让他们虐待团队成员，而是要做那个敢于指出团队成员不足的人。当团队成员在工作中出现了失误，或者是做了什么不道德的、有损企业形象的事情时，公司团队管理者一定要及时地站出来，指出他们所犯下的错误，要像一个“大恶人”一样不留情面地去批评，让他们深刻意识到自己的错误，从而保证在工作中不再出现类似的错误。

【团队力量】 “恶”一点并不意味着坏一点。要想让自己扮演的“大恶人”产生积极的作用，那么就必须把握好度的问题——不留情面并不是要去伤人自尊。

21. 头狼从不会有“妇人之仁”

头狼是最勇猛的战士，也是最冷血的领导，它从来不会随便赦免下属的罪责。

——团队格言

鸿门宴上，项羽因为妇人之仁没有杀掉刘邦，最后被刘邦的大军追到乌江边上自刎。项羽因为刘邦是年老长者而没有痛下杀手，但是逃过一劫的刘邦却没有给项羽活着的机会——世界是残酷的，“妇人之仁”只是对对手的仁慈，对自己的残忍。

应该说，头狼就是像刘邦一样没有“妇人之仁”的团队领袖，“赶尽杀绝”是它们的一贯做法。因为，它们清楚地知道：千万不要随便去怜悯对手，斩草不除根只会遗患无穷。

所以，对于任何一个公司团队领袖而言，就是要继承头狼这种“赶尽杀绝”的精神，不要给竞争对手任何东山再起的机会，应该时刻牢记——“妇人之仁”的团队领袖不但会害了自己，还会让整个团队覆灭。

【团队力量】 作为一名团队领袖，千万不要被竞争对手的花言巧语所蒙蔽——世界上没有不想置对方于死地的竞争对手，复燃的灰烬往往能够燃起冲天大火。

22. 优秀公司管理者的眼中没有失败者

最优秀的公司团队管理者都能够容忍下属的失败。

——团队格言

在优秀的公司团队管理者看来：失败与挫折是每个人都无法逃避的事情，一个在公司团队中经常以失败者的面孔出现在大家眼前的人，不一定是团队中最差的那一位，很可能只是因为属于他的成功比别人来得晚一些而已。

这是最优秀的公司团队管理者才具备的做事方式，因为他明白：任何一个勤奋聪慧的“百败之将”都是经验最丰富的人，他们都是大器晚成者，在经历更多的风雨之后，一定会迎来那道最亮丽的彩虹。

所以，作为一个公司团队管理者，在看到下属的失误或失败时，不要立即处罚他们，而是让他们做好失败的总结，并给予他们鼓励，使这些经验丰富的“百败之将”迅速地走出低谷，迎来那期盼已久的胜利的辉煌。

【团队力量】 千万不要轻易对自己的团队成员下定义，多给他们一份鼓励，也就多给了自己一份从容；多给他们一份希望，也就多给了自己一份收获。

23. 极限忍耐方能雄霸天下

从古至今，能成就一番大事业者必定能忍别人所不能忍。

——团队格言

如果说刘备是一个不懂得忍耐的人，那么他可能早已经成为曹操的阶下囚，中国历史上就不会有那段风起云涌的三国时期；如果说威灵顿公爵是一个不懂得忍耐的人，那么他早就成为了拿破仑的俘虏，欧洲历史上就不会上演滑铁卢的神话。

所以说，那些能够成就一番大事业的人，都是懂得忍耐的人。

在动物世界中，最懂得忍耐的动物无疑要数头狼了。它们不但能够忍耐冰雪的寒冷与烈火的炙烤，更能够忍受失败，忍受一切挫折。所以说，头狼之所以能够率领狼群雄霸天下，就是因为它有着包容一切的忍耐力。

同样，我们要想成为优秀的公司团队管理者，就必须懂得忍耐，学会在遭遇失败与挫折时，跟自己说一句："忍，就是要忍，这世界上除了死亡，根本没有什么挨不过去的事情!"

【团队力量】 小不忍则乱大谋。作为一个公司团队管理者，必须练就过人的心理承受能力，学会在忍耐中一步一步走向成功。

24. 做就做天下第一

我们的眼中没有第二，只有第一，因为第二也属于失败者的行列。

——团队格言

优秀的公司团队管理者都有着钢铁般的性格，他们从来不满足于做一个第二，要做就要第一。

商场如战场，不是你死就是我活。

对于一名公司团队管理者而言，做就要做天下第一。因为，只有第一才能够让自己的企业在市场占有主动权，将竞争对手置于不利地位，并不断地去扩大自己的战果。

但是，做就做天下第一，并不是一件容易的事情，需要公司团队管理者拿出钢铁般的决心，不然这句话就只是响亮的空口号，喊上一万次也只是一万次的徒劳。

所以说，做就做天下第一，就应该拿出置之死地而后生的劲头，不达目标绝不罢休。

【团队力量】 一个企业没有做行业老大的劲头，就不会拥有比竞争对手更强的奋斗精神。因此，公司团队管理者就是应该树立行业老大这一目标，从自己做起，带动整个团队，共同为这一目标奋斗不止。

25. 坚决不背“人情包袱”

世界上最为沉重的包袱不是扛在背上的，而是装在心里的，它叫作“人情包袱”。

——团队格言

在企业中，很多的团队管理者感觉最为沉重的一个包袱就是“人情包袱”。因为“人情包袱”是最难偿还的债务。

在公司团队管理中，很多人为了获得领导的支持或提拔，使尽浑身解数跟领导拉关系，送礼、请客吃饭等招数层出不穷。但是，世界上根本就没有免费的面包。下属给领导一份小礼物，目的都是为了换回一份更大的礼物。

结果是，“人情包袱”背多了之后，导致领导在工作中有很多的不方便，该管的时候不好意思直接指出，该严厉的时候拉不下脸。更为重要的是，背上了沉重的“人情包袱”之后，领导一旦没有帮助那些人实现目的，就会得罪这批人，严重影响企业的团结与稳定。

所以，要做一个优秀的公司团队管理者，就必须坚决扔下那些“人情包袱”，做到铁面无私、刚直不阿。

【团队力量】 优秀的公司团队管理者在团队做得最好的一项工作就是不背“人情包袱”——他们从来不收下属的好处，用自己的正直将整个团队紧紧地凝聚在一起。

26. 身先士卒：领导就是标杆

没有身先士卒的将军，就不会有冲锋陷阵的士兵。

——团队格言

《史记·淮南衡山列传》：“当敌勇敢，常为士卒先。”也就是说，那些敢于披坚执锐的将军，才是真正的将军，士兵只有跟着这样的将军才会勇往直前，奋勇杀敌。

1883年，当法国军队从越南边境进攻中国的时候，当时已经七十余岁的老将冯子材率军镇守镇南关，而他所面临的法国军队都携带着当时世界上最精良的装备。

但是，老将冯子材根本没有半点犹豫，在法军兵临镇南关的时候，就身先士卒，率领士兵与法军展开了肉搏。

可以说，冯子材就是一位出色的“团队管理者”，他临难不顾的奋战精神让士兵们深受感动，斗志昂扬，每一个士兵都像饿狼一样扑向了法军。结果，镇南关一役，装备极为落后的中国军队获得了胜利。可以说，这漂亮的一仗打出了中华民族的气魄，让西方列强再也不敢小觑中国人。

而作为一名企业管理者，就要像冯子材一样，做一个敢于身先士卒的领导，只有这样才能够让所有的团队成员心悦诚服、心甘情愿地跟着你去拼搏、去奋斗。

【团队力量】 领导就是标杆，团队成员怎么走、怎么干，关键就是要看领导怎么带路。所以，做一个身先士卒的领导是带出一个优秀团队的重要因素。

27. 一定要证明自己是强者

只有证明自己是团队中的最强者，才能够让自己成为团队的真正“统治者”。

——团队格言

作为一个公司团队的管理者，就是应该向头狼学习，要懂得证明自己就是团队中的最强者，是团队中最能够胜任的管理者。因为，证明自己是团队中的最强者，能够给予团队成员以巨大的工作信心——不论是狼还是人，从本质上都崇拜比自己强大的战友，他们能够从最强者的身上得到继续战斗的信心和动力，心甘情愿地跟着最强者一起闯天下。

所以，公司团队管理者一定要懂得证明自己就是团队的最强者，如此才能够让自己的领导地位不动摇，并能够让越来越多的人加入到团队中来。

【团队力量】 做团队中的最强者，就是要在各个方面做出表率，让每一个团队成员都打心眼儿里认可你——认可你是他们当之无愧的团队核心。

28. 管理者都不是好惹的

要做一个不能轻易被触犯的管理者，因为每一位管理者都是不好惹的。

——团队格言

在管理公司团队的过程中，领导一定要露出强硬的一面来。

实际上，很多的公司团队领导在管理的过程中总是扮演着“老好人”的角色，偶尔有团队成员在工作中直接顶撞他们，他们依然一副乐呵呵的样子，希望用自己的豁达与宽容去管理好员工，让每一个人都努力地去工作。

可是，很多时候却是事与愿违的，那些偶尔顶撞公司团队领导的人，在发现顶撞了几次没有受到任何的批评之后，他们会变本加厉，总是给领导脸色看。很明显，对于这样的团队成员采用温和的管理手段已经不会产生多大的效果了，因为他们觉得领导就是个“软柿子”。

所以，公司团队领导在这个时候一定要改变管理策略，既要让团队成员看到自己温和的一面，也应该让团队成员意识到——领导都不是好惹的！

相信，只要任何一个公司团队领导能够展现出不好惹的一面，就能够保证和维护自己在团队中强势的话语权，让每一个成员都甘心服从自己的命令。

【团队力量】 优秀的公司团队管理者能够听取员工的意见，但是从来不允许团队成员顶撞自己，因为顶撞意味着自己的权威受到影响，而且会使团队的凝聚力下降——一个员工的顶撞，会让一群员工都蠢蠢欲动。

29. 优秀的公司团队管理者就是一面不倒的旗帜

优秀的公司团队管理者就是团队的灵魂，是团队中那一面永远不会倒下的旗帜。

——团队格言

优秀的公司团队管理者从来不会让团员们失望，工作时他表现得最积极，危难之时总是第一个站出来，只要有他在，团队在任何困难与危险面前都能挺起胸膛。因为，优秀的公司团队管理者就是团队中那一面永远不会倒下的旗帜。

然而，很多的公司团队管理者从来不认为自己就是公司团队中的一面旗帜，而是尸位素餐，总是希望团队成员去做好工作，自己只要等到团队作出成绩的时候，代表团队去领取所有的鲜花与掌声。

毫无疑问，这样的团队领袖就是团队中的“耻辱”，他们的存在不但不能让公司团队获得更好的发展，相反还会使整个公司团队走向覆灭。

所以说，一个优秀的公司团队领袖必然是企业的一面迎风飘扬的旗帜。

【团队力量】 让自己成为公司团队中的一面旗帜，这就是要求公司团队领袖不懈追求，勇于超越自己，树立自己在公司团队中绝对的核心地位。

30. 管理者的命令必须落实到位

作为团队管理者，我从来不允许我的部下违抗我的命令。

——团队格言

那些优秀的公司团队都是一个纪律严明的团队，管理者的发号施令没有人敢不去遵从——不遵从命令的团队成员必须接受惩罚，因为管理者的命令必须落实到位，除非是命令中出现重大错误。

对于任何一个公司团队领导来说，让自己的每一个命令都落实到位，不但体现了自己的权威，也体现了这个公司团队是否是个拥有钢铁纪律的优秀团队。

当一名公司团队领导的命令总是无法落实到位的时候，就说明这个团队已经开始出现不和谐的因素，团队内部分歧的迹象已经显现。而在这个时候，公司团队领导最需要做的就是“镇压”——严格按照企业规章制度去管理，同时积极地改进自己的工作作风，让那些违抗自己命令的人改变做法。

【团队力量】 团队领导的命令必须落实到位，并不是说不能听取成员们正确的意见。一个优秀的公司团队领导最应该做到的就是，在吸收不同意见的基础上，还能保证命令很快落实到位。

31. 做一名拥有超群领导力的团队管理者

没有超群领导力的团队管理者，绝对是驾驭不了较大的公司团队的。

——团队格言

我们经常可以看见这样一幅场景：一位部门领导整日里兢兢业业，忙得不可开交，结果到了月底一看业绩还是只能用“平平”两个字形容；另一位部门领导整日里工作很清闲，找下属谈谈话，布置一下工作，到点就下班回家，结果月底一看竟然是业绩第一。

实际上，之所以会出现这样的差别，就是因为两个人的领导力有着高低之分。所以，公司团队领导应该明白这样一个道理：团队领导仅仅有着勤奋的精神是不够的，关键还是要拥有超群的领导力。只有那些拥有超群领导力的公司团队领导，才能够打造出一个业绩超群的团队。

【团队力量】 但凡是一个优秀的团队管理者，都必须以拥有超群领导能力为梦想，如此才会让自己在梦想指引下快速成长起来。

32. 善于培养自己的追随者

我笃信领袖的力量，但是我从不认为自己可以单枪匹马去赢得一个世界。

——团队格言

在经营企业的过程中，公司团队领导应该努力去培养出自己的忠诚追随者。那么，该怎么做才能够让每一个团队成员都变成自己最忠诚的追随者呢？

（1）绝对的信任缔造出最忠诚的追随者。绝对的信任就是对团队成员的最高奖励，能够让每一个下属感受到自己在团队中的重要性，他们自然会忠诚于团队，忠诚于领袖。

（2）让每一个团队成员都看到实现梦想的希望。每一个加入到团队中来的人，除了对自身利益的需求之外，更多的就是为了梦想而付出。所以，给他们实现梦想的希望，并帮助他们去实现，就能够锤炼出一批忠诚于自己的追随者。

【团队力量】 培养忠诚于自己的追随者，不但能够让整个团队更有凝聚力，而且也有助于团队领导将工作做得更好。

33. 孤立别人才不会孤立自己

作为一名团队管理者，一定要学会孤立那些一直不听话的下属，不然自己就会被孤立。

——团队格言

在经营企业的过程中，难免会出现一些难以管理的团队成员，他们总是希望按照自己的方式去做事情，内心深处不愿意服从团队的安排，因此在他们做出一点成绩之后就开始怨声载道，总是觉得自己是一匹被紧紧勒住脖子的“千里马”，更有甚者还会联合一些黑白不分的人去孤立公司团队领导，希望自己能够取而代之。

可以说，这样的团队成员如果能够接受教育重新站在团队领导这一边，那么留下他们就是团队之福。如果他们依然我行我素，那么留下他们就是团队之祸。

所以，公司团队领导要想不让自己的地位受到威胁，不让自己被孤立起来，那就应该将那些不听话的团队成员孤立出去，否则被孤立的就是自己。

【团队力量】 孤立其他人，这并不是让团队更加团结的好方法，只能是一种对特殊人使用的特殊办法。因此，在孤立其他人之前，应该本着“治病救人”的思想去劝解他们，争取让他们转变立场，这样才能够让团队更团结。

34. 冷面掌权，铁腕治军

冷面不是冷血，铁腕不是苛刻，要想像狼群团结一致，那么就必须铁面无私、赏罚分明。

——团队格言

冷面掌权，铁腕治军，这是古往今来无数领袖取得成功的一个重要原因。换句话说，但凡是取得了最终成功的集大成者，他们都懂得做事情必须要严守规矩，不因个人喜好而破坏规矩。

而对于任何一名公司团队管理者而言，一定要明白这个道理：纵容不是宽容，做管理就如同带兵打仗，必须做到冷面掌权、铁腕治军，否则自己的公司团队只能是一帮乌合之众，自己一直纵容的结果就是面对敌人时不堪一击。

【团队力量】 千万不要去纵容自己的团队，可以允许他们犯错，但是不能允许他们一直犯错——一直纵容就会导致整个团队的覆灭。

35. 成大事者不拘小节

闯天下者一定要目光长远，不拘小节——不要紧紧地盯着眼前，而是应该盯着未来。

——团队格言

要想成就一番大事业，就必须舍弃小节，不纠结于眼前，应该积极地着眼于未来。

优秀的公司团队管理者在选拔人才的时候从来不会太过于拘泥小节，而是看重员工的整体实力或者与团队在某一方面的契合，根本不会因为一些小问题而错失团队需要的员工。因此，他们的团队一直都能够招募到优秀的人才。

所以，对于那些过于注重小节的公司团队管理者来说，就一定要懂得“成大事者不拘小节”的道理。此后，在选才用人的时候一定不能以自己的要求去苛求别人，而是要遵守“选贤任能不拘小节”的道理，让那些有真才实学却不拘小节的人留下来，最终让整个团队强大起来。

【团队力量】　每一个人都有自己的做事习惯，因此团队管理者不能要求每一个团队成员都按照同一种方式去工作，而是应该积极地发挥每个人的优势，留住人才，并且让他们拿出最好的状态去工作。

第3章

团队凝聚：凝聚力量是公司团队拥有超强竞争力的根基

“上下一心，默契协作”就是世界上伟大公司团队征服世界的最锋利武器之一。所以，很多的公司团队管理者都从内心深处发出了这样的感慨：拥有一支有很高默契度，在工作中有很高协调性的团队，就是公司发展历程中最大的福音！

拥有一流的生产设备，拥有一流的人才队伍，但如果没有一流的协作能力，那么公司团队永远无法成为一流的竞争队伍。打造优秀公司团队，关键就在于建立和提升团队配合的默契度和协作能力，而这本身就是创造优秀的公司乃至“长青公司”的一味灵丹妙药。因此，每一名公司团队管理者都应该将提升团队协作能力当作自己的第一要务——要想驰骋商场，就必须打造一支配合默契的征伐之师！

1. 默契协作的公司团队在市场上所向披靡

优秀的公司团队就是一只能砸碎一切的铁拳，只要出击必定所向披靡。

——团队格言

优秀的公司团队管理者从来都不怀疑自己团队的战斗力，因为他们心里明白：一个拥有卓越的协作能力，凝聚得像一个紧握的铁拳一样的团队，还有击不败的的竞争对手吗？

如果想要让自己的团队拥有强大的竞争力，能够像一只紧握的铁拳一样挥向市场，那么就应该让每一个团队成员都拥有不甘落后的精神，同时提升团队的协作能力——每一个项目落实后大家都抢着去做，而且都能够做好；每一个市场确定以后大家都争着去开拓，都能够开拓出来，这样的公司团队还有打不败的竞争对手吗？

所以说，任何一个公司团队只要能做到上下一心、默契协作、不甘落后，就能够成为市场上最优秀的公司团队之一。

【团队力量】　默契协作的公司团队在市场上所向披靡——任何一个公司团队只要出现人人争先、紧密协作的场景，那么这个公司团队就会实现新的飞跃。

2. 忠诚不二，完美融入

忠诚是一个团队成员对公司最好的回报，因为忠诚能够赢得所有人的尊重。

——团队格言

忠诚是对于誓言的坚持，是对于信念的不懈追求。

在竞争激烈的商海中，每一个公司团队都会经历各种困难，而困难正是对团队成员忠诚度的最好考验。所以，当公司团队在陷入发展困境时，有时出现一些人员上的流失也不见得是一件坏事，因为留下来的都是对团队忠诚不二的人，他们才是公司团队的根基。

更为重要的是，忠诚能够让一个人更好地融入到公司团队中去，因为忠诚会让一个人在进入团队之后努力地工作，找到自己在团队中的位置，实现个人与团队的完美融合。

所以，任何一个人要想更快更好地融入到公司团队中去，就必须让自己更忠诚于公司团队，因为忠诚就是融入团队的催化剂。

【团队力量】 当一个人总是感觉自己与团队格格不入的时候，不妨扪心自问一下：自己是不是对团队绝对忠诚？如果不是，那么就赶紧从做一个忠诚的团队成员开始。

3. 分工协作，尽心尽力

分工协作是最好的作战方式，因为这能够让十个人发挥出一百个人的战斗力。

——团队格言

优秀的公司团队从来都很重视每一个成员的分工，因为他们都明白：分工协作是提高团队工作效率、增加团队竞争力的最有效手段。

任何一位公司团队领导都必须清楚，正确地处理好每一个团队成员之间协作与分工的关系，就能够让团队成员之间形成优势互补，让每一个团队成员都将自己的长处发挥出来，进而产生强大的团队创造力与生产力。

但是，分工协作并不是一件很简单的事情，在操作的时候一定要注意以下几个问题：

(1) 分工不代表分家。在分工协作的过程当中，一定要坚持团队目标的一致性，做到分工清晰，目标统一明确，让大家都相互支持，最终让团队产生强大的竞争力。

(2) 协作要做好沟通工作。没有好的沟通就不会有好的协作，所以在团队成员协作完成工作的过程中，一定要做好沟通工作。

(3) 必须坚持先分力再合力的顺序。先将力量分开不难，难的是如何再合力，这就要求团队领导从一开始就做好相关的计划。

(4) 每一个人都要勇于承担工作中的失误。事情做好了大家都很开心，可是在出现失误的时候，要想分工协作不出问题，那么就需要每一个人都站出来勇于承担失误，这样才能够让团队分工协作产生积极的结果。

【团队力量】 分工协作就是要让每一个人都将自己的优势充分发挥，这样才能够让每一个人都超常发挥，从而让公司团队拥有超强的竞争力。

4. 常怀感恩，同生共死

感恩的心，伴我一生，让我有勇气做我自己。

——团队格言

英国作家萨克雷曾经说过："生活就是一面镜子，你笑，它也笑；你哭，它也哭。你感恩生活，时时笑对生活，生活将会给你阳光；你不感恩生活，只是一味地怨天尤人，那生活给予你的也将是失败和泪水。"

塑造一个和谐奋进的团队是离不开感恩的。每一个团队成员都必须明白，跌宕起伏才会让人生更绚丽多姿，学会感恩，用一颗感恩的心去看待每一位团队成员，慢慢就会发现有时候别人对于自己的批评与责备其实也是出于关心和爱护，那么这个公司团队就会成为一个温暖的大家庭，也是一个焕发出巨大活力的团队。

【团队力量】 常怀感恩，同心戮力，让每一个团队成员都用积极健康的心态去融入团队，那么绝对会打造出一支富有竞争力的公司团队。

5. 拒绝私利，诚心做事

做自己该做的事情，拿自己该拿的东西，这是一个优秀团队成员的行为标准。

——团队格言

拒绝私利，这对于任何一个人来说都是很难做到的事情，毕竟在世界上能够不为利益动心的人并不多。然而，那些很难拒绝私利的人，往往都栽在了那一点蝇头小利上，因为私利就是一种眼前利益，拿了私利的人都是只看眼前而不看未来的“鼠目寸光”之人，他们不懂用长远的眼光看待问题。

正因如此，一个人要想在公司团队中获得实现梦想的机会，那么就必须学会用长远的眼光去看待问题——为了那辉煌的未来，我们需要拒绝私利；为了那辉煌的未来，我们更需要诚心做事。

【团队力量】 拒绝私利实际上就是让自己远离风险，更是让自己所在的团队远离风险，因为很多的公司团队最后都是被私利“谋杀”的。

6. 面对问题，善借外力

一个人的力量是有限的，一个团队的力量也不是无穷的，但是善借外力的团队绝对是最有竞争力的集体。

——团队格言

欧洲有句很著名的谚语："站在巨人的肩膀上，你会发现世界原来如此之大。"荀子也曾经说过："假舆马者，非利足也，而致千里；假舟楫者，非能水也，而绝江河。君子生非异也，善假于物也。"

同样，任何一个公司团队要想成为市场上的霸主，那么就必须向优秀的公司团队学习——面对问题时，一定不要孤军奋战，而是应该善借外力，借助别人的力量彻底解决问题。

善借外力，就是要公司团队在建设发展的过程当中，一定要把各方的力量团结在身边，凝聚在周围，不求所有，但求所用，通过充分调动各方面的积极性，优化公司团队的组织力、延伸公司团队的思考力、拓展公司团队的执行力、强化公司团队的辐射力。最终，让公司团队产生更强大的战斗力。

【团队力量】 善借外力不是说要一味地去依赖外力，而是在团队自身建设发展比较好的情况下，借助外部力量，让团队迈上一个新台阶。

7. 面对困难，互相帮助

困难对于那些不相信战友，更不会帮助同伴的人来说，是一个永远都战胜不了的敌人。

——团队格言

面对困难，互相帮助，是狼群解决困难的最好方式。

只要企业还在商海中参与竞争，那么公司团队就离不开困难的袭扰。当公司团队在遭遇困难之际，不妨向那些优秀的公司团队学习——让每一个团队成员都学会互相帮助，集合大家的智慧，集合大家的力量，就能够让问题得到快速的解决。

不过，在困难中进行互相帮助之时，一定不能急躁，防止出现“好心帮倒忙”的现象，不然这种互相帮助就不是雪中送炭，而是雪上加霜了。

因此说，在面对困难时，任何一个公司团队都应该以正确的方式去发动团队成员，让大家的互帮互助产生积极的效果。

【团队力量】　困难不可怕，可怕的是团队的冷漠，谁也不想着去帮助别人，更有甚者还拒绝别人的帮助，这样的冷漠只能加快团队的覆灭。

8. 透析团队的建设“密码”

上下一心就能够打造超强竞争力的团队，这也是团队建设的终极“密码”。

——团队格言

狼群是一个血腥的团队，残忍一直是它们留给世界的第一印象。

但是，血腥与残忍并不是它们创建世界上最伟大团队的全部因素，而真正让群体变得无与伦比的强大的原因就是——在上下一心的基础上实现了完美的融合，让整个团队变成了一个强大的竞争体。

因而，这就要求公司团队在竞争中要处理好团队的关系，积极向每一个团队成员灌输“上下一心，携手提升”的发展理念，让每一个人都懂得分享成果，在公司团队内部形成良好的竞合关系，从而打造出一个如同狼群一般强势的公司团队。

【团队力量】　上下一心就是要让每一个团队成员都要热爱团队，热爱自己的团队伙伴，在竞争与合作中达成一致，最终为了团队的目标而携手努力。

9. 建设团队就是要汇集团队核心竞争力

公司团队最核心的竞争力就是人才。

——团队格言

马云说：“任何一个企业家都不必要忌讳谈论自己企业的核心竞争力，因为任何一个企业的核心竞争力就是企业家和他的团队。”

然而，现在很多的公司团队在发展的过程中，只注意企业规模的大小，而不重视团队成员力量的集中，总是觉得公司团队建设就是抓好团队骨干这么简单。这样做的结果就是，企业的规模做得很大，团队却没有发展起来，根本就没有多大的竞争力，最终是规模越大公司团队的核心竞争力越小，使得企业最后走向了“死亡”。

所以说，公司团队管理者一定要重视每一位团队成员的重要性，将他们的力量汇集在一起，如此才能让公司团队的核心竞争力更加强大。

【团队力量】　不要轻视任何一个公司团队的成员，要关注他们，帮助他们融入到团队中来，将他们每一个人的力量都汇集到一起，以此来增强公司团队的核心竞争力。

10. 团队中容不下任何借口

输了就是输了，我们从来不去找借口，因为团队中容不下任何借口。

——团队格言

优秀的公司团队从来不会为失败找借口，因为他们清楚地知道——只有敢于承认失败，善于在失败中总结成功方法的团队，才能成为不断胜利的团队。

很多人在做错事情或遭受批评的时候，总是会寻找各种各样的借口，因为他们害怕承担责任，希望把所有的责任都让借口去承担。很明显，这样的人绝对不是一个合格的公司团队成员，因为他们会为团队带来更多的不利影响。

可以说，找借口是一种“传染病”，公司团队中只要有一个人善于找借口，不用多久就会有很多人变成善于找借口的人——他们将借口当作掩饰错误推卸责任的“万能器”，出了问题不想着怎么去解决问题，而是想着找什么样的借口搪塞，结果导致问题越来越严重，为企业发展带来了很大的不利影响。

因此，企业要想建立一个敢于承担责任的优秀团队，就必须像狼群一样容不下任何借口，及时地将善于找借口的人清理出去。

【团队力量】 如果你是一个找借口的人，那么请赶紧改掉这一恶习，因为它会像毒品一样让你不断地想要去品尝它，最终成为公司团队的淘汰对象。

11. 舍得为团队牺牲个人利益

舍得为团队牺牲一切的狼，才是团队中最优秀的一员。

——团队格言

舍得为团队牺牲自己的个人利益，这样的员工就是公司发展壮大的“奠基石”；舍不得为团队牺牲一点儿个体利益的员工，无疑就是阻碍公司发展壮大的绊脚石。

舍得，是一种处世哲学，也是一种增强团队凝聚力的有效手段。对于我们每一个人来说，我们为企业付出劳动，企业给我们支付劳动报酬，在这种付出与回报的统一达成和谐，最终让我们融入企业中，成为公司团队中的一员。

但是，付出与回报不可能永远成正比，有些时候难免出现付出多回报少的情况。因此，在这种情况下我们就需要学会牺牲，舍弃一些回报，让自己所在的公司团队不出现大的波动。

事实上，这种牺牲只是一种短期的舍弃，从长远看无疑会获得更多的回报——你表现出的这种舍得为团队牺牲的精神，会引起领导的注意，因为任何一个领导都喜欢舍得为团队做出牺牲的人。

【团队力量】 当一个人真正拥有了舍得牺牲的精神，便等于打开了成功的大门，因为这种人就是公司团队最需要的人。

12. 默契度决定团队高度

不怕神一样的对手，就怕猪一样的队友——默契度决定团队高度。

——团队格言

可以说，默契度高低是衡量一个公司团队是否优秀的重要指标之一。而打造一个像狼群一样默契的公司团队也是很多企业家的梦想，但是这个梦想并不是很容易就能够实现的。那么，该怎么做才能够让这个梦想早日实现呢？

(1) 互相了解，不做“猪”一样的队友。与狼群相较，猪无疑是一群毫无默契的家伙，因为一群猪从来都不会是一个团队，不为食物发愁的它们不需要合作，它们压根儿就不是一个团队，根本就谈不上团队默契。所以，要增加一个公司团队的默契，那么团队成员就必须互相了解，清楚每一个伙伴的特性，从而形成一个配合默契的团队。

(2) 经常配合，积累出默契度。很多公司团队在工作中没有默契，就是因为团队成员之间缺少配合，没有积累下足够多的默契。所以，要想提升公司团队的默契度，就必须经常配合，在不断地磨合中增强默契度。

【团队力量】 除了增进互相了解与增加配合次数之外，彼此信任也是增加团队默契度的一个重要原因，因为彼此信任是了解与配合的基础。

13. 不露声色，抢占先机

不露声色的团队管理者就是最出色的帅才，因为他总是能够在悄无声息中迅速抢占先机。

——团队格言

不露声色、出其不意地抢占先机，是优秀的公司团队管理者必须具备的基本素质，因为它能够让公司团队在每一场竞争中都牢牢地掌握主动权，形成对竞争对手的有效打击，从而获得最终的胜利。

但凡是在商海中搏击过的公司团队管理者都有过这样的感受：市场竞争必须讲速度，谁能够占得先机，谁就能够占领市场。事实上，任何一个企业要想在市场上占得先机，仅仅拥有一名会不露声色占得先机的领导是不够的，还需要一群能够跟得上领导思维，将领导的意图贯彻到位的员工。

所以说，一个优秀的公司团队，在拥有了一个善于把握市场先机的公司团队管理者之时，更需要做好培训，培训出一群会抢占先机的员工，这样才能够打造出一个有着强大竞争力的公司团队。

【团队力量】 抢占市场先机需要速度，有了一群能够快速执行且执行到位的团队成员，才能够成就一个伟大的公司团队。

14. 欲擒故纵，先放后猎

放纵对手会让他们轻敌，当他们开始麻痹大意的时候就是我们发起致命一击的时候。

——团队格言

20 世纪 80 年代，美国汽车界的老大福特公司业绩出现严重下滑。作为一直被福特压制着的竞争对手，通用汽车公司的销售团队非常高兴。然而，通用汽车公司的总裁在高兴之余，竟然做出了一个很反常的举动——默许福特向通用公司挖角，他的理由是“帮助福特就是在帮助通用”。

可以说，通用公司总裁的这一做法彻底地麻痹了福特汽车公司，导致其在此后的市场竞争中放松了对通用的警惕性。结果，通用汽车公司抓住对手的麻痹大意，一举击败了福特汽车公司，成为了全美最大的汽车公司。

可见，对于那些总是在竞争中希望马上置对手于死地的公司团队领导而言，不妨向通用公司学习，善于使用欲擒故纵的竞争方法，在竞争对手麻痹大意之时一举击败对手，从而打造出一个像通用汽车公司一样出色的企业。

【团队力量】　欲擒故纵并不是简单的放纵，而是要在麻痹对手之时，抓住最有利的时机发动攻击，从而实现利益的最大化。

15. 打破常规，善出奇兵

只有敢于打破常规善出奇兵的团队领导，才是真正出色的团队领袖。

——团队格言

可以说，任何一个人都有惯性思维，喜欢用自己经常思考的方式去考虑问题，久而久之就形成了根深蒂固的惯性思维。而这种惯性思维，往往会成为我们人生之路上经常犯错的关键原因。

公司团队领导也是人，脑海中也有着很深的惯性思维，这也是阻碍公司团队发展的一个重要原因。所以，公司团队领导更需要打破自己的惯性思维，敢于在竞争中打破常规，在竞争对手摸不着头脑之时，以新奇的竞争方式迅速地击败他们，从而让自己的公司团队成为一支常胜之师。

【团队力量】 公司团队领导要打破常规善于出奇制胜，那就要求他们敢于放下过去的辉煌，将每一次竞争都当作自己的第一次竞争，如此才能够让自己的团队走出一条独一无二的成功之路。

16. “独行侠”就是团队中的毒草

把喜欢单干的人淘汰出去，就会打造出一个团结向上的创业团队。

——团队格言

在团队中，领导最不喜欢的就是那些喜欢单干的“独行侠”，因为他们的存在严重地影响了公司团队的凝聚力。因此，领导们在面对团队中的“独行侠”时，在教导不起作用的前提下，总是会毫不犹豫地将他们淘汰出去——淘汰掉喜欢单干的“独行侠”，就等于为公司团队去除了一株影响团结发展的毒草。

所以，公司团队管理者在日常管理中，一定要注意辨识哪些成员是喜欢单干的“独行侠”，要拥有一双发现“独行侠”的眼睛，让那些影响公司团队发展的成员及时改正或者被清除出去，从而保持团队的凝聚力，让公司团队焕发出更旺盛的活力。

【团队力量】 公司团队管理者在发现了团队中的“独行侠”之后，一定要先抱着“治病救人”的态度帮助他们融入进来，而不是直接将他们清除出去就完事了，要深入了解他们的想法，在深层次沟通的基础上帮助他们解决掉自身的问题，从而让他们逐渐成为公司团队大家庭中的优秀成员。

17. 顾大局识大体，誓死捍卫团队荣誉

顾大局识大体的狼，就是誓死捍卫狼群荣誉的忠诚勇士。

——团队格言

那些优秀的公司团队之所以总是获得胜利女神的青睐，就是因为每一个人都是顾大局识大体的团队成员，他们能够正确地解决团队中的矛盾和问题，从而让公司团队在强大的凝聚力中产生超强的战斗力，以此誓死捍卫属于团队的荣誉。

在一个公司团队中，领导一定要将“顾大局识大体”的团队理念灌输给每一个员工，让他们在对待本职工作时，保持一颗一切为了团队的事业心，以旺盛的斗志和强烈的责任感去发展公司团队。

此外，公司团队领导在向团队成员灌输这一理念时，更应该严格要求自己，让自己成为这一理念最坚定的实践者，用自己的行动去带动员工，从而打造出一个热爱工作乐于奉献的公司团队。

【团队力量】 顾大局识大体就是要在团队中懂得谦让，在工作上勇于追求，在名利上要看淡一些，如此才能够让自己成为一名出色的团队成员。

18. 求同存异，道不同亦可相谋

道不同亦可相谋，优秀公司团队中的每一个人都懂得搁置矛盾，为了同一个目标而前进。

——团队格言

良好的团队关系是积极发挥团队精神的前提，也是那些优秀公司团队不断创造辉煌的重要原因。

在当前这个讲究团队作战的年代中，每一个员工要想成为一名企业中最受欢迎的员工，那就必须处理好同事关系，让自己很好地融入到公司团队中去。

当我们每一个人走进企业时，都会遇到不同个性的同事，要想做到八面玲珑是很困难的，而磕磕碰碰很可能就是我们日常工作中最容易出现的情况。因此，在这个时候就需要我们向那些优秀公司团队学习，不要总是紧紧地盯着别人做得不好的地方，而是应该积极地看到别人的长处和优点，与大家坦诚相见求同存异，积极地加深与同事们之间的了解，从而在相互了解与尊重的基础上达成工作上的一致，而让自己完美地融入到团队中去。

正因如此，“求同存异，道不同亦可相谋”的理念，才成为让每一个人融入到公司团队中去的一大“法宝”。

【团队力量】 人心都是肉长的，只要你在团队中认可别人、尊重别人，那反过来别人也会这样对待你——当大家都互相认可、互相尊重的时候，那么团结的公司团队就形成了。

19. 责任大于天

只有能承担起自己肩膀上责任的团队成员，才能够获得其他人的认可和尊重。

——团队格言

勇敢地承担起属于自己的责任，用行动证明自己是狼群中一匹合格的狼。这是狼群精神中很伟大的一种精神，因为它赋予了狼群强大的行动能力，让狼群能够做好每一件事情，从而使得它们赢得足够多的胜利。

作为公司团队成员，一定要有强烈的责任心，勇于承担自己的责任，这样才能够获得同事的尊重和领导的认可，让自己成为团队中合格的一员。

那么，该怎么样才能让我们成为有责任心的公司团队成员呢?

(1) 爱企如家。只有将企业当作自己家庭的员工，才能够在工作中尽职尽责。

(2) 培养自觉维护团队利益的好习惯。有句话说得好：“好习惯是责任的保证。”一个人要想成为一个负责的公司团队成员，那么就必须养成自觉维护团队利益的好习惯。

【团队力量】 责任大于天——每一个公司团队成员都必须认识到，任何一个不履行责任的成员都可能会成为“落在油桶中的火星”，虽然很微小，但是却能危及整个团队的生命。

第4章

团队目标：统一明确的奋斗目标使公司团队迈上新台阶

创新工场董事长兼首席执行官李开复说：“团队精神就是在一组人共事时，在个人心目中完成共同目标的重要性大于凸显个人表现。我们在世界杯足球赛中、一流交响乐团的表演中、企业界的研发小组中都能见到团队精神的发扬。团队精神具有的重要元素包括：对其他成员专业水平的承认，对团队一体的共识，清楚自己位置，对自己有充分的自信，对目标的全然投入。”

统一明确的奋斗目标能够让公司团队迈上新台阶。因为，统一明确的目标就犹如一面迎风飘扬的鲜艳旗帜，它能够为每一位团队成员指明前进的方向，同时也将每一名团队成员紧紧地团结在自己的周围，从而打造出一支拥有超强竞争力的优秀公司团队——统一团队的奋斗目标，树立共同的价值观，就能够让任何一支公司团队凝聚成一只有力的“铁拳”，可以随时随地向竞争对手发起攻击。

1. 锁定目标，紧追不放

锁定目标不放松，是我们最执着的追求，是我们不断获取猎物的关键因素之一。

——团队格言

从竞争尚未开始之际，优秀的公司团队就会锁定目标，然后等待时机给予竞争对手致命一击。值得我们学习的是：优秀的公司团队在锁定目标之后，不会轻易放手，除非有不可抗力出现，否则他们都是紧追不放，直到把竞争对手干倒为止。

当公司团队在向市场推入新产品的时候，一定要锁定一个目标——自己要超越那个竞争对手，要占领那块市场，必须要提前做好细致的规划，千万不能简单地规划，然后等产品上市了再看一步走一步，因为这样会让产品因为目标定位不明确而滞销，更会让公司团队的发展陷入困境。

【团队力量】 目标是一种愿望，更是一种动力，只有坚持目标的团队才能够实现自己的目标，成为一个优秀的公司团队。

2. 成交是行动的终极目标

就像猎物是狼群毕生的目标，成交也是我们团结在一起的最大动力。

——团队格言

动物之间的相互吞噬是一种自然现象，因为只有得到猎物，才能使自己存活。

如果说动物活着的终极目标就是一次次成功地捕杀猎物，那么企业存在的终极目标就是将一件件产品成功售出。

对于任何一个公司团队而言，大家努力工作的目的就是自己的产品赢得消费者的信赖，成为自己所在行业的王牌企业。但是，要达成这一目标并不是一件简单的事情，这就需要公司团队把产品视作自己的生命，让自己的产品成为市场上最受欢迎的商品，所有的勤奋努力都是为这一终极目标而服务，并且始终坚信自己会生产出绝对畅销的产品。

【团队力量】 商场如战场，从来都是以成败论英雄的。所以，任何一个公司团队不论付出了多么大的努力与辛劳，不能实现将自己的产品成功推销给消费者这一终极目标，那么它就是一个失败的公司团队。

3. 实现目标要懂得轻重缓急

成功实现目标的人都是懂得轻重缓急的人，因为他们能够有条不紊地去做每一件事。

——团队格言

成功绝非偶然，做人处事一定要懂得轻重缓急。

优秀的公司团队展开一场竞争的时候，总是会提前做好周密的部署，知道在什么环节该快，在什么环节该慢，从而实现顺利击败竞争对手的目的。

任何一个公司团队要想让自己迅速成长壮大起来，那就必须有做事情懂得轻重缓急的团队成员——他们在工作中不急不躁，凡事总是想清楚了再去做，有着长远发展的眼光，并能够将工作处理得井井有条，让企业在平稳中快速发展。

所以，那些渴望让自己的公司团队能够每一年都顺利达成目标的领导，一定要在实现目标时懂得轻重缓急，更要积极努力地去培养出一批跟自己一样沉稳的团队成员，如此才能够让公司团队获得长足的发展。

【团队力量】　培养出一个懂得轻重缓急的公司团队，关键就是要让每一个团队成员在工作中能够分清主次，有条不紊地去完成自己的本职工作。

4. 目标既定就应该永不放弃

我们从来不会放弃自己的目标，因为放弃目标就意味着选择了死亡。

——团队格言

试想一下，如果团队总是轻易地放弃既定目标，在行动的过程中总是中途放弃，那么他们还能够成为商业链条上优秀的群体吗？答案当然是否定的，因为这样做的结果就是会因为放弃而成为挫败之师。

但是我们会经常发现，与自己在同一个公司团队中工作的同事，总是在大家都没有准备好的情况下就突然放弃了既定目标，就因为他一个人的原因，导致整个团队的努力都变为无用功。

所以，我们在工作中要让自己成为一个不会轻易放弃既定目标的优秀团队成员，更应该注意帮助和监督那些做事情不够负责总是轻易放弃既定目标的人，千万不要因为他们的放弃而导致我们的失败。

【团队力量】　一个优秀的公司团队之所以总是能够顺利实现目标，关键就在于他们用永不放弃的精神赢得了幸运女神的青睐，让既定的目标在不懈的努力中顺利实现。

5. 做事就是要做到点子上

只有会做事，并且能够把事情做到点子上的团队，才能够天下无敌。

——团队格言

成功，就是因为把事情做到了点子上；失败，就是因为没把事情做到点子上。

应该说，每一个优秀的公司团队成员就是一个能够把事情做到点子上的人——他们在参与到市场竞争中之后从来不会分心，该怎么做就去怎么做，只做需要做的事情，不做无关紧要的事情，正是这一点最终让他们成为真正的“王者之师”。

因此，对于那些在工作中忙忙碌碌却总是一无所获的团队成员，就应该让其明白：做事情的时候就应该理清思路，让自己的工作思维紧跟上级的任务意图，不要总是按照自己的想法去做，这样才能够将事情做到点子上，从而让自己成为一名优秀的公司团队成员。

【团队力量】　做事情要做到点子上，关键就是要遵从领导的指示，按照团队的既定目标做事，这样就能够使自己把事情做好，为团队做出更大的贡献。

6. 选对目标才能完善建设

放弃充满诱惑而不适合自己的目标，寻找到适合自己的目标，才能够获得最终的胜利。

——团队格言

选对目标才能够去做正确的事，才能够让自己的梦想变成现实。

选对正确的目标再去行动，这一直是优秀公司团队的行动准则，因为他们清楚地知道：那些充满诱惑但是不适合自己的目标是必须放弃的，这样的目标从根本上来说就是“陷阱”，只会让公司团队遭受巨大的损失，而不会为公司团队带来更大的利益。

同样，每一个公司团队在确定自己的战略目标时，一定要仔细分析，看看自己所选定的目标是不是正确的，自己有没有能力拿下这一目标。如果不能，那就要坚决放弃，千万不要因为目标太有吸引力而冒险赌一把，结果让公司团队朝着一个错误的目标进发，最后走上一条不归路。

【团队力量】 选对目标的关键就是要学会拒绝诱惑，不要因为目标太有吸引力而勉强为之，这样做对公司团队只有害处没有益处。

7. 目标专注才百战不殆

只有专注于猎物才能够成功猎杀，只有专注于目标才能够迈上成功的舞台。

——团队格言

水是这个世界上最柔软的东西，岩石是世界上最坚硬的东西，但是最软的水却能够滴穿最坚硬石头；狼不是这个世界上最强壮的动物，狮子绝对是这个世界上最强壮的动物，但是狼却可以战胜狮子……

它们的成功靠的是什么？

它们的成功靠的就是对于目标的专注，正是这种专注让它们能够紧紧地锁定目标，坚持不懈地努力。

一个公司团队，就是应该具备这样的精神——专注于目标，努力去做，虽然在成功的道路有很多的障碍，但是只要我们一直专注于自己的目标，用永不放弃的态度去实现目标，那么我们就能够创造一个辉煌的公司团队。

【团队力量】 竞争之路总是充满了障碍和挑战，成功可能就在下一个拐角处。只要专注于目标，成功就在下一个拐角处等待着你。

8. 目标清晰化，做事有条理

只有清晰化的目标，才会让成功之路变得更开阔平坦。

——团队格言

荷兰有一句著名的谚语："对于一艘没有航向的船来说，任何方向的风都是没有意义的。"

人生没有目标，就像箭没有靶子一样。虽然随着时间和境遇的变化，可能还需要对目标作一些调整，但是绝不能一直没有目标。对于一个公司团队来说，如果没有清晰的目标，所有的工作就会如同一团乱麻，在手忙脚乱中浪费掉很多的机会，结果使企业一直发展不起来。

所以，对于那些没有清晰目标的公司团队来说，最应该做的就是让每一个人时刻都能够认清楚自己的目标，做事情更有条理，如此才能够建设出一个优秀的公司团队。

【团队力量】 公司团队如果出现目标不够清晰的状况，就会像弓箭手患上了眼疾，再也看不清远处的靶子，从而让公司团队的每一次行动都如同没有对准靶子的箭一样落空。

9. 目标明确：打造高效团队第一步

明确的目标让我们的行动付出更少的代价，也让团队变得更加高效。

——团队格言

目标是公司团队生存的基础，没有了目标，公司团队的存在也就失去了意义。而明确的目标能够让公司团队对市场有着更为深刻的认识，这也是团队通往“高效之途”的第一步。

因为，没有了明确的目标，公司团队的发展就失去了方向，继而使得公司团队的凝聚力大大下降，最终陷入瘫痪的境地，更谈不上高效。

另外，明确的目标能够为公司团队在市场竞争中提供决策上的参考，也能够成为判断公司团队效率高低的标准。

所以说，拥有明确的目标，是公司团队提升效率的第一步。

【团队力量】 每一个高效的团队都有着明确的目标——每一次行动都会围绕明确的目标制订详细的计划，从而让成员们高效地执行。

10. 在团队目标面前必须大义灭亲

不管是自己的朋友，还是亲信的下属，都不应该成为阻碍团队目标实现的绊脚石。

——团队格言

公司团队管理者在该狠心的时候一定要心狠，不狠心就是对公司团队的不负责。所以，那些优秀的公司团队在实现团队目标的过程中，管理者对谁都会心狠，用大义灭亲的态度坚决去实现所有的目标。

很多的家族式企业在发展的过程中，总是过分注重家族利益而忽视了公司团队的利益，导致公司团队目标根本无法实现。对于这种情况，台湾塑胶集团董事长王永庆说：“起用刚由学校毕业的少爷当经理或总经理，这和父子天性之爱，是一回事；企业的经营是追求工作合理化，追求高效率，每个角落都要有适当的人选，即是适人适所。提拔儿子，抹杀人才，公司前途就会完蛋，最后宝贝儿子也被耽误了。”

中国有句古语说，“皮之不存，毛将焉附”。所以，那些家族式企业在发展的过程中，一定要有大义灭亲的态度，不要让家族成员成为阻遏公司团队发展、实现企业目标的最大障碍。

那么，公司团队管理者在实现团队目标的过程中，怎么样才能够做到“大义灭亲”呢?

(1) 不要将经营权和所有权混为一体，要两权分离。

(2) 在企业中推进民主化进程，让每一项决策都在科学、民主的监督下出台。

(3) 推进目标优先原则。每一个和公司团队制定的发展目标有冲突的人，无论亲疏，都不能有越权行为。

【团队力量】 如果企业因为家族成员的阻碍而无法实现目标，并且最终偏离了正确的发展轨道，那么那些起到反作用的家族成员就是企业的罪人。

11. 将个人目标融入团队目标

只有每一个人都将自己的“小目标”融入到团队的“大目标”中，团队才会获得超强战斗力。

——团队格言

公司团队中的每一个成员都有着不同的目标和利益，所以在将个人目标融入到团队目标中的时候，就会有很多的困难或阻碍。所以，要让每一个团队成员都将自己的个人目标融入到公司团队目标中去，这无疑是一件令很多公司团队管理者头疼的事情。

那么，该怎么去做才能够很好地解决这一问题呢?

(1) 公司团队管理者要学会帮助团队成员制定个人目标，巧妙地将他们的“小目标”融入到公司团队的“大目标”中去。

(2) 让团队成员的“小目标”与公司团队的“大目标”保持一致性。

(3) 重视团队成员的发展空间，用发展空间将团队成员的“小目标”融入到公司团队的“大目标”中去。

【团队力量】 企业将每一个员工集合在自己的怀抱中，就是为了能够让大家和企业一同发展，创造辉煌的未来。所以，我们必须将自己的目标融入到公司团队目标中。

12. 不打没有把握之仗

如果没有把握拿下目标，那么就不要轻易发动攻击。

——团队格言

解放军著名元帅刘伯承曾说：“要用脑子打仗，用‘脑’是‘思’的结果。”刘伯承元帅所说的“思”，是建立在对环境和对手全面了解基础之上的。而这种基础就是“目标”，即对于目标清楚正确的认识。

在激烈的市场竞争中，公司团队永远都处在前有追兵后有堵截的环境中，因此就要求领导能根据市场情况，调整公司团队内部的关系，让大家都心往一处想劲往一处使，认真仔细地去观察市场目标的动静，找到适合的时机发动一场有把握的歼灭战。

【团队力量】 公司团队要发展起来，就必须认清市场形势，让每一个人都能够准确地察觉目标的动向，从而让公司团队抓住制胜之机，顺利实现自己的战略目标。

13. 守株待兔只能是死路一条

永远相信目标是不会发生变化的竞争者，只能成为永远的失败者。

——团队格言

守株待兔的寓言故事出自《韩非子·五蠹》。说的是战国时期的一个宋国的农民，偶尔一次看见一只兔子撞死在树桩上，此后便一直站在那个树桩旁边，希望再有撞死的兔子，结果是一无所获。

在当前这个充满了挑战与机遇的年代中，很多的公司团队却总是满足于现状，从来不去寻找新的目标、新的商机，坐等下一个目标的出现，结果就像那个守株待兔的农夫一样，最终一无所获。

因此，任何一个公司团队要想实现新的突破，那就必须像狼群一样积极地寻找目标，而不是坐等目标的出现——只有让自己积极地行动起来，才有可能获得成百上千只“兔子”

【团队力量】 每个公司团队都必须不断地设定新目标，只有这样才能够保持团队活力，让团队快速地壮大起来。

14. 成功等于目标

为了目标不懈地奋斗，就能够让目标变成现实。

——团队格言

美国著名的人类潜能激发大师博恩·崔西曾经说过：“成功等于目标，

其他一切都是这句话的注解。”

那么，对于那些总是实现不了目标的公司团队而言，他们该怎么做才能够实现目标呢？

(1) 时刻坚信“我能”。很多公司团队之所以无法实现既定目标，很大程度上就是因为他们骨子里有一种对自己不信任的意识，总是低估自己，高估困难，所以只要他们时刻坚信“我能”，就能够对目标孜孜不倦地追求下去。

(2) 输了没什么大不了。很多公司团队就是因为怕输而总是更换目标，结果是一个目标都没有完成。因此，他们就是要懂得，输了没有什么大不了，丢下压在自己心头的包袱，才能用自己的最大努力去实现目标。

【团队力量】 不要低估自己，更不要害怕失败，只要自己向着实现目标的方向努力，即便是一次又一次地失败了，也总有胜利的那一天，因为你一直在坚持不懈地去实现目标。

15. 标靶也会有假的

并不是所有的弱者都是真正的弱者，因为有很多的强者都习惯伪装成弱者。

——团队格言

有一双发现目标的眼睛很重要，更重要的还要让双眼成为能够辨别目标真假的“火眼金睛”。

优秀的公司团队在找到合作对象之后，并不会贸然就展开合作，而是会仔细地观察，等到彻底了解了目标对象的情况之后再采取行动。

然而，在当前这个纷繁复杂的市场环境中，很多公司团队一发现新的合作目标，就马上展开行动，在没有完全没有了解对手的情况下就签了合同，结果发现原本寄予厚望的新合作伙伴就是一个“皮包公司”，利益受到损失的同时，也让企业形象受到严重影响。

所以，现在的公司团队在寻找新的合作目标之时，一定要仔细去调查，切莫被“假目标”欺骗。

【团队力量】 尽管这个世界上有很多好人，但是依然有很多坏人潜伏在我们的周围。所以，发展公司团队跟做人一样，一定要辨别出好人与坏人，切莫将坏人当作合作目标。

16. 丢掉目标后要冷静

当目标从我们的视野里逃脱之后，最要紧的是在冷静中寻找它的足迹，而不是在急躁中放弃。

——团队格言

狼群在捕猎的过程中，如果发现刚才还在紧紧追赶的猎物竟然不见了踪影，这个时候狼群绝对不会像无头苍蝇一样到处乱跑，急着寻找到猎物的踪迹，而是在头狼的带领下冷静地思考，在极短的时间内做出最正确的决策，迅速地让猎物重新回到自己的视野中。

当公司团队在市场竞争中发现自己的合作目标丢掉之后，不应该急急忙忙地去盲目挽回，而应该冷静下来，寻找最正确的挽救办法，不要让事情向着更糟糕的状态发展。因为，冷静就是抵御失败的最有力武器——很多的公司团队明明距离实现目标只差一步，但是就是因为一点小小的意外而功败垂成。

所以，目标丢掉之后要冷静，给自己充分的思考时间，是任何一个成熟的公司团队都应该具备的基本素质。

【团队力量】 冷静能够让人变得敏锐，对于问题的看法更全面。所以，当公司团队在丢失目标之后，就是要保持冷静，让冷静的思维尽最大的力度去挽回损失。

17. 目标决定格局

一个团队有多大的目标，它就会有多大的格局。

——团队格言

比尔·盖茨的目标是让全世界都明白电脑对于生活的重要性，结果他的商业格局无限放大，让自己成为了全球首富。

山姆·沃尔顿的目标是让沃尔玛连锁超市开遍全球的每一个角落，结果他的商业目标放大了他的商业格局，最终打造出了“沃尔玛帝国”。

松下幸之助的目标是让全世界都使用上他的产品，结果他的商业目标扩展了他的商业格局，让“松下”成为了全球的知名品牌，并让自己赢得了“经营之神”的美誉。

所以说，公司团队的商业目标决定了其商业格局，而商业格局又最终决定了公司团队的高度。因此，每一个想进入世界顶级行列的公司团队，都必须拥有宏大的商业目标。

【团队力量】 拥有了宏大的商业目标才会让公司团队更加努力，因为他们的格局不是停留在某一个小市场上，而是规划着全球市场。

18. 明知山有虎，偏向虎山行

我们从不惧怕任何比我们强大的对手，因为我们坚定于自己的目标。

——团队格言

李东生，就是中国彩电市场上的一匹“狼”。因为，他有着“明知山有虎，偏向虎山行”的勇气，也正是这种勇气让他实现了自己的商业目标，将原来广东惠州的一个叫作 TTK 的生产录音磁带的小企业，打造成为了现在中国彩电市场上的巨头——广州 TCL 集团股份有限公司。

1992 年的时候，李东生决定让 TCL 进军彩电市场，目标是生产出全国第一台 28 英寸的彩电。当时，国内彩电市场一直被国外品牌和四川长虹等中国企业掌控，很多想进军彩电业的企业都知难而退。

但是，就是在这种情况下，李东生以“明知山有虎，偏向虎山行”的勇气进入了中国彩电市场。事实证明，李东生的这一战略目标是正确的，看似“水泼不进、针插不入”的中国彩电市场，并不是容不下 TCL 这支新军——TCL 生产出的 28 英寸的王牌彩电一上市就受到了消费者的热捧，很快就让 TCL 成功跻身国内家电巨头的行列。

所以，任何一个公司团队，如果想要获得更大的发展，那么就必须向李东生这位卓越的公司团队领袖学习——拿出“明知山有虎，偏向虎山行”的勇气，积极地去实现企业的战略目标。

【团队力量】 公司团队要想实现目标，除了要有实现目标的能力，更需要有实现企业战略目标的勇气。

公司靠团队打天下
企业靠凝聚定江山

第5章

团队竞争：良好的竞争机制让公司团队成为企业的中流砥柱

前世界首富、微软公司创始人比尔·盖茨说："多想一下你面临的竞争对手。"思科公司首席执行官约翰·钱伯斯说："面对同样的竞争，为什么有的企业成为过眼烟云，而有的企业却能生存下来，甚至上升为实力雄厚的大企业呢？关键就在于生存下来的企业和它的员工都具有很强的竞争意识和较强的竞争力。"

良好的竞争机制让公司团队成为企业的中流砥柱——建立良好的竞争机制能够让员工更好地参与到竞争中来，为公司团队在竞争中提供更多的思路和建议，并且能够让员工在竞争中得到更好的成长。所以说，为公司团队建立良好的竞争机制，就是为公司团队创造了竞争力之源。

1. 竞争机制让公司团队无比团结

一个团队假若缺少有效的竞争机制，那么这个公司团队肯定缺乏活力。

——团队格言

竞争机制就是指在公司团队里建立的一种竞争牵引机制，鼓励员工朝着企业所想的方向前进。

优秀公司团队的成功之处，就是因为它们有一个良好的竞争机制，但凡做事不够努力，不够敬业的员工都会被淘汰，而且良好的竞争机制也让其更具凝聚力——优秀的公司团队大多数都是一个有组织性、纪律性的竞争团队，能够根据自己的生存方式和原则组成一个强大的竞争体，以应对激烈的市场竞争中出现的各种问题。

公司团队如果没有有效的竞争机制，那么所有人都会因为团队内部竞争压力减小而逐渐变得失去工作激情，缺乏创新精神，没有竞争意识，出现人事冗杂、工作效率低下等问题，从而使得公司团队凝聚力较低，一旦在市场上遭遇强力竞争就会轰然倒下。

【团队之道】 良好的竞争机制就是公司团队的“造血细胞”，因此为公司团队植入良好的竞争机制是每一名公司团队管理者必须肩负起的重任。

2. 竞争是最好的团队激励方式

一个缺乏竞争精神的创业团队，永远不会活到创业成功的那一天。

——团队信念

惠普创始人威廉·休利特曾经说过："只有通过竞争才会让优秀的员工像布袋中的锥子一样显露出来，而一个缺乏竞争机制的企业大多数情况下都不会生存得太久，因为竞争就是对员工最好的激励。"

那些优秀的公司团队成员都懂得——只有竞争才会让他们在工作中充满激情，勤勤恳恳地工作，竞争就是最好的团队激励方式。实际上，对于公司团队而言，竞争不但是最好的激励方式，也是最好的留人方式。因为，只有通过竞争才能够让大家感受到工作压力，也同时给了大家更多的工作动力，因为从竞争中获胜的人都能够赢得别人的尊重，受到领导的赞赏，获得更多的升职加薪的机会。

【团队之道】 竞争是最好的团队激励方式，所以对于一名公司团队管理者而言，他们在管理中就是要以各种手段去激发成员的竞争意识——只有让每一个人都喜欢竞争、乐于竞争，才能让公司团队拥有更强的竞争力。

3. 做一名敢于竞争的团队成员

只有敢于竞争的团队成员，才会在团队中生存下去。

——团队信念

那些优秀的公司团队成员从来无惧竞争，因为他们知道只有通过竞争才能够展现出自己的能力，让自己成为团队中不可或缺的一分子。

做敢于竞争的公司团队成员，这已经成为了现代公司团队成员的必备素质之一。

那么，我们怎么做，才能够成为敢于竞争的公司团队成员呢？

(1) 不要把自己想得太差，要相信自己能干得非常出色。

(2) 敢于竞争，关键就是要有足够强大的竞争能力——如果你的工作能力一点儿都不出色，那么你根本不可能赢得竞争。

(3) 敢于竞争就是要有出色的人际关系，不让自己在竞争中被孤立，并且能得到别人的帮助，从而赢得竞争。

【团队之道】 做敢于竞争的公司团队成员，关键就是要让自己各方面的能力得到持续的提升，因为只有在不断的提升中，才会拥有强大的竞争自信心。

4. 摆正自己的位置，才会赢得竞争

只有摆正自己在团队中的位置，才会让你充分发挥出自己的实力来。

——团队信念

那些优秀的公司团队成员都懂得，只有摆正自己在团队中的位置，才会让自己将自身的工作能力彻底地释放出来。所以，他们在团队中各司其职，努力将自己的本职工作做好，绝不会去插手别人的事情。

只有摆正自己的位置，才会赢得竞争。对于大多数的公司团队而言，总有一些员工因为个人能力较为突出，或者因为有一些工作背景，就在团队中表现得非常的嚣张，经常对同事指手画脚，甚至对领导的安排也常常进行抵触。可以说，在公司团队中摆不正自己位置的成员，就是影响公司团队良性竞争的毒瘤。如果不及时让他们改正自己的错误，就会严重影响公司团队的竞争力。

【团队之道】 摆正自己的位置，关键就是要懂得谦虚。面对同事时要谦虚礼貌，和领导打交道的时候要懂得尊重对方，做到不居功、不自傲，就能够让自己在公司团队中摆正位置并获得强大的竞争力。

5. 以最快的速度适应团队竞争环境

不能快速适应团队竞争环境的团队成员，绝对不会成为团队中的骨干成员。

——团队信念

山姆·沃尔顿曾经说过：“只有你真正走进团队当中，和每一个人友好相处，尽快适应了工作环境，才会让整个团队真正地接纳你。”

以最快的速度适应公司团队的竞争环境，这对于公司团队成员来说非常重要。因为，只有自己以最快的速度适应了团队的竞争环境，才能够迅速地进入工作状态，干出不错的业绩，并且让自己尽快成为骨干成员。

那么，公司团队成员该怎么做，才能让自己尽快适应团队的竞争环境呢?

（1）做好分内事，以出色的表现在公司团队中建立信任关系。

（2）调整好心态，不急不躁，认真做好每一件事情。

（3）塑造良好的个人形象，给大家一个好印象。

【团队之道】 以最快的速度适应公司团队竞争环境，关键就是要让自己尽快适应整个团队的工作节奏——只有工作节奏合拍才能适应整个团队的竞争环境。

6. 竞争比的不仅仅是聪明

竞争不仅仅是比谁更聪明，还要看谁犯的错误更少。

——团队信念

美国经管作家查普曼在《IT大败局》一书中写道："竞争的本质不是比强壮、不是比敏捷，也不是比谁更聪明，而是比谁少一些愚蠢。"

可以说，那些优秀的公司团队成员在工作中都非常专注，很少去犯一些不必要的错误，因为他们懂得——只有自己在竞争中犯的错误比对手少，才能够让自己成功击败对手。

作为一名公司团队成员，我们要想在竞争中拥有更大的优势，就必须提高工作专注度，少犯一点错误才能让自己脱颖而出，显得比别人更优秀。

那么，我们在工作中该怎么做才会少犯错误呢？

(1) 细致入微的工作态度，不管大项目还是小任务，都仔细认真地去完成，绝不马虎大意、粗枝大叶地去工作。

(2) 掌握正确的工作方法，才能够少犯错误——用正确的方法做事，才会把事情做得正确。

【团队之道】 只有自己在竞争中犯的错误比对手少，才能够让自己成功击败对手，关键就是要求我们意识到竞争对于自己的重要性，拼尽全力地去参与竞争，才有可能成为最后的胜利者。

7. 竞争压力催生出强大的竞争力

动力往往以压力的面孔出现在我们面前，你所承受的竞争压力大多数时候与你的竞争力成正比。

——团队信念

那些优秀的公司团队成员无时无刻不面临着巨大的工作压力，可是他们在工作中都非常有动力——只有将压力彻底转化为动力，才能够让自己更加努力地工作。

压力就是动力，这句话被无数人传颂过。可是，很多人在面临巨大的竞争压力之时，却开始变得颓丧、不思进取，使自己成为竞争压力下的“逃兵”。

所以，作为一名公司团队成员，就应该坚决地视竞争压力为动力，决不在竞争压力中丧失自信，更不会在压力中选择放弃，而是时刻严格要求自己、时刻激励自己，绝不在压力面前退缩，更不把压力都留给别人。

【团队之道】 作为一名公司团队成员，要想把竞争压力转化为竞争动力，关键就是要让自己拥有积极的竞争心态——调解好自己的心态，时刻保持昂扬的斗志，就能够勇于挑战强大的竞争压力。

8. 千万不要幻想对手会放过你

那些总是幻想竞争对手会放过自己的人，最终的结局就是接受失败的命运。

——团队信念

蚁群大战是非常惨烈的，每一次蚁群大战之后都会留下密密麻麻的一大片蚂蚁尸体，两群蚂蚁在激烈的交锋中绝不会对另一方手下留情，因为它们知道——幻想着竞争对手会放过自己，无异于自寻死路。

我们遭遇强大的竞争对手时，一定要和身边的同事们团结起来，积极地为赢得竞争做准备，千万不能幻想着竞争对手会手下留情。因为，当我们开始幻想竞争对手会放过我们的时候，已经说明我们从内心深处开始惧怕对手、惧怕竞争，当我们有了这样一种非常不利的心态之时，我们距离失败就已经不远了。

【团队之道】 千万不要幻想竞争对手会轻易放过我们，一定要像蚁群一样无惧对手，敢于和竞争对手拼到最后一口气，哪怕牺牲再多也要坚持到底。

9. 必须避免成员之间的恶性竞争

恶性竞争，往往是导致团队竞争力下滑的主要原因。

——团队信念

传媒巨头伯特·默多克曾经说过："恶性竞争是一场没有胜利者的竞争，每一个参与其中的人都不会获得利润，相反还会赔得很惨。"

那些优秀的公司团队中几乎很少会出现恶性竞争的场面，因为每一个团队成员都不会为了自身利益而展开恶性竞争。恶性竞争不会让自己赢得竞争，而只会造成两败俱伤的结果。所以，我们作为公司团队成员，就应该避免与其他成员发生恶性竞争，只有这样才会让我们和公司团队实现双赢的结果。

那么，我们在日常工作中该怎么做，才会避免与其他人展开恶性竞争呢？

(1) 拥有良好的大局观，一切以团队利益为重。

(2) 制定合理的竞争目标，在公平、合理的前提下展开竞争。

【团队之道】 只有让公司团队成员远离内部恶性竞争，才能够让每一名团队成员更快速地成长，而这就需要公司团队管理者不遗余力地去做好竞争管理，稳定团队内部竞争秩序，以完善的竞争管理制度去维护团队内部竞争环境。

10. 竞争状态决定竞争成败

出色的竞争状态是击败所有竞争对手的关键。

——团队信念

李东生曾经说过：“我们提出‘剩者为王’的观念，就是要在竞争中，使我们主要产业能够存活下来，保持好的竞争状态，这样未来才有机会。在战略相持、低潮时期，防止自身资源损耗，保持能量是我们熬过冬天的必要措施和手段。”

那么，我们作为公司团队成员，如何才会一直保持出色的竞争状态呢？

(1) 劳逸结合，保持良好的竞争情绪，不要因为情绪不好而导致竞争状态不佳。

(2) 时刻注意调整自己的工作状态，如果工作中出现了一些不良习惯，就要及时改掉，不让坏习惯影响自己的工作状态。

【团队之道】 保持良好的竞争状态，就是要时刻严格监督自己，同时注意向更优秀的人学习，这样才会让自己一直保持较好的竞争状态。

11. 赢得竞争的前提就是做好准备

要想赢得竞争就是要做好准备工作，因为胜利从来都不属于没有准备好的人。

——团队信念

“二战”名将朱可夫元帅说：“战争从一开始就没有做好准备，结果是长时期地陷入被动挨打的局面，所以说准备工作是非常重要的。”

把准备工作做好做到位，这一直是优秀团队成员所必须具备的一个好习惯，因为只有做好了准备工作，才会让工作展开得更为顺利，遇到各种突发情况时能够及时快速地处理，不会因为准备工作没有做好而让工作效果大打折扣。

同样的道理，我们在参与公司团队竞争的时候，如果不把准备工作做好做到位，就会让自己在工作中陷入困境，一个突然发生的意外情况就会让我们手忙脚乱，工作陷入一团糟的境况之中，最终导致个人工作目标与公司团队目标的实现遇到很大的阻力。

所以说，作为一名公司团队成员，就应该从竞争还没有开始之前就准备好自己需要的一切东西，以及对将来可能遇到的各种意外情况做好应对准备，绝不让自己在还没有做好准备工作的情况下就参与到竞争工作中去。

【团队之道】 做好准备工作是赢得竞争的前提，所以我们在做好准备工作的时候就不能有懈怠思想，而是要认真仔细地去做——准备工作做得扎实一些，工作展开之后遇到的困难就少一些。

12. 切莫将苦劳当作功劳

千万不要把苦劳当作功劳，因为没有功劳的苦劳在竞争中只能算是“白劳”。

——团队信念

比尔·盖茨曾经说过：“我赞赏那些辛勤工作的员工，但是我更赞赏那些辛勤工作而且业绩不错的员工。”

优秀的公司团队成员会辛辛苦苦地工作，绝不在工作中偷懒，更不会把苦劳当作功劳去炫耀。因为他们知道——把苦劳当作功劳的团队成员，不仅不会为团队创造足够多的利润，而且还会使得团队利润下滑，因为一千万次苦劳也比不上一次功劳。

所以我们作为一名公司团队成员，就应该懂得苦劳不是功劳的道理，在参与公司团队竞争的时候，不仅仅是埋头工作，而是应该学会聪明地去做、高效地去做，争取创造足够多的利润，将所有的苦劳都转化为功劳，如此会让自己成为公司团队中的“功臣”。

【团队之道】　不要把苦劳当作功劳，就是要求公司团队成员在工作中要有结果意识——没有好的工作结果，所有的付出都是徒劳，最终的结果也只能是让我们在竞争中被淘汰。

13. 要想赢得竞争就必须学会细化工作

如果一名工作者不懂得细化自己的工作，那么他就不会拥有很高的竞争效率。

——团队信念

惠普公司的创始人戴维·帕卡德曾经说过：“把手头的工作进行有效的细化是做好工作的关键，一个企业的员工都会把自己手头的工作细化安排，井井有条地去做，这个企业就会拥有不错的竞争力。”

那些优秀的公司团队成员都非常善于细化工作，不管是做什么工作他们都能够有条不紊地去完成，既不会拖慢工作进度，也不会影响工作质量，从而让自己成为一名出色的竞争者。同样，我们作为公司团队成员，就必须懂得细化工作：

（1）掌握工作重点，围绕重点划分具体步骤，然后一步一步地去完成。

(2) 熟悉工作流程，简化工作方式，具体责任具体分配，就能让工作更细化，也更有效。

【团队之道】 工作进行细化是一种提升个人竞争力的有效方式，所以每一名公司团队成员都应该积极地掌握细化工作的方法和要领，从而让自己成为一名出色的公司团队成员。

14. 多做竞争总结，才能更好地竞争

善于在竞争中及时总结的工作者，总是比其他的工作者表现得更优秀。

——团队信念

世纪时尚女王可可·香奈尔曾经说过：“人生需要你不断地去进行总结，不断地去进行反思，总结自己为什么贫穷，总结自己为什么富裕，然后你才会找到自己的人生方向，让你在追求成功的道路上更有竞争力。”

毫无疑问，一个善于做竞争总结的团队，每一名成员都懂得只有及时反思、及时总结，才会很快发现自己哪里做得不好，哪里需要改进，如何让自己继续保持自己的优点，继续做一个有力的竞争者。所以，我们在工作中就应该多做总结，及时反思，时刻让自己拥有很强的竞争力，这样做才会让自己和公司团队一同健康快速地发展。

【团队之道】 总结是一个巩固成果、改正错误的有效方式，不管是公司团队管理者还是普通成员，都应该养成多做竞争总结的好习惯。

第6章

团队制度：完善管理制度让公司团队拥有完美发展体系

阿里巴巴集团董事局主席马云说："没有好的制度，这就是公司的灾难。"

完善管理制度让公司团队拥有完美的发展体系，这已经成为现在大多数公司团队管理者的共识。因为，只有不断地完善公司团队的管理制度，才能够让每一名团队成员都紧密地团结在一起，并且向着同一个目标不断奋斗。更为重要的是，不断完善管理制度还能够让公司团队的协作能力大大提升，使得公司团队的运转更加和谐与流畅，为公司的发展提供强有力的约束力，进而推动整个公司的发展。所以，不断完善公司团队的管理制度，让公司团队的管理制度日趋完美，是每一个公司团队管理者都必须肩负起的一项重要使命。

1. 制度成就团队

优秀的团队制度就是最坚实的奠基石，它奠定了团队从平凡走向卓越的根基。

——团队格言

制度就是团队的生命保障，缺失制度约束的团队永远不会壮大起来。

毋庸置疑，那些优秀的公司团队就是用制度确保团队发展的优秀典范！即便是团队管理者，也不会绝对地凌驾于团队之上，而是做一名团队制度的守护者，他会将自己的管理风格、高明的手段与团队制度有效地融合在一起，用优秀的制度确保团队快速健康地成长。

因此，一个公司团队领导不管自己有多么大的功劳，也不管自己有多么大的能力，都需要建立合理、科学的公司团队制度——优秀的制度就是企业腾飞的引擎！

【团队力量】 制度就是团队的终极保障力——让每一个团队成员都不违反制度，就是每一个公司团队管理者最大的责任！

2. 制度是团队的根本

我们将制度视为生命，在每一天中我们都竭尽全力地去维护团队的制度。

——团队格言

那些优秀的公司团队成员从来不会做违反公司制度的事情，因为他们知道——制度就是团队的根本，是需要用热血与生命去维护的团队发展根基。

对于很多的公司团队管理者而言，他们每天最重要的一项工作就是“打假”——严厉打击那些违反企业制度、制造虚假数据、刻意隐瞒团队中出现问题的人。因为，如果公司团队管理者的打假工作做得不到位，那么必然会给公司团队的发展带来很多不利影响。

所以说，每一名优秀的公司团队管理者都应该做出色的打假斗士，他们用切实的行动去维护企业制度，让企业在健康平稳的发展状态中稳步前行。

【团队力量】 每一名公司团队管理者一定要做好定期检查，切不可因为自己的工作不到位而让企业制度屡屡被破坏，努力为公司团队的建设带来更多的帮助。

3. 完美的团队必定有健全的制度

倘若制度有漏洞而不去完善和修补，任何一个团队都不会成为丛林的统治者。

——团队格言

健全公司团队制度，打造完美的竞争团队，这一直是那些优秀的公司团队的做法。

在公司团队的建设过程中，不断地去健全团队制度也是每一个团队成员的重要任务之一。因为，不论是伟大如苹果公司、联想公司这样的竞争团队，抑或是正处在发展困境之中的公司团队，都会因为制度上的漏洞而覆灭。

那么，公司团队管理者该怎么做才能够健全公司团队制度，打造出完美的竞争团队呢?

(1) 用规范的工作去健全制度。工作规范了就能够减少违反制度的情况发生，也能够及时地发现问题并改正。所以说，只要工作规范，就能够有效地健全公司团队制度。

(2) 力求可行，确保执行。制度都是先于行动而制定出来的，因此有很多的地方是需要用实际行动去验证的。所以，在制定的时候就应该力求制度的可行性，从而确保制度被坚决地执行，最后在执行中不断地去健全公司团队制度。

【团队力量】 世界上没有十全十美的东西，只有追求完美的不懈精神，所以健全公司团队制度就应该用追求完美的精神，坚持不懈地去实践和改正。

4. 靠人不如靠制度

不管是多么忠心的下属，都存在着变节的可能，所以要依靠下属，不如去依靠制度。

——团队格言

将责任落实到工作中，不如将责任落实到制度上——只有让制度去承载团队发展的重责，才能够让团队发展得到有力的保障。

优秀的公司团队管理者对于那些忠于公司的下属绝对会给予最大的信任，但是他们绝对不会一味地依靠他们。因为优秀的公司团队管理者们都明白：靠人不如靠制度——只有制度是永远不会背叛团队的。

所以，任何一个公司团队的管理者都应该清楚：不管是多么出色的下属，都应该让他们坚决地去遵守团队制度，千万不能因为他们出色的表现就放松对他们的管理约束，因为靠人远远没有靠制度保险。

【团队力量】　从公司团队长远发展的角度看，制度是管理团队的根本，好的制度远远比“人治”更管用。

5. 制度的核心就是保持竞争力

如果一个制度不能够催生出强大的竞争力，那么这个制度无疑会制约公司团队的发展。

——团队格言

制度的核心就是保持团队的核心战斗力，因为那些优秀的公司团队都是一个以制度赢得市场占有率的伟大团队。

制度，本身就是维护公司团队发展的重要力量，它能保证团队的完整性和结构的合理性。换句话说，制度能够让一个公司团队在竞争中保持完整的竞争体系，同时也能够让每一个团队成员都站在最合适的岗位上。

所以，每一位公司团队管理者，都一定要努力维护制度的威严，让每一个团队成员都明白自己所处的位置，认真去履行自己的工作职责，从而确保公司团队建设的完整性和合理性，最终让公司团队拥有强大的竞争力。

【团队力量】　制度就是要充分保持完整性和合理性，只有这样才能够激发出每一位公司团队成员的工作劲头，从而让公司团队在市场上更有竞争力。

6. 制度没有服从就是空谈

服从于制度的安排是我们最大的职责，因为没有服从的制度从来都是空谈。

——团队格言

服从，是对于团队制度最大的尊重！

也许明天公司团队就会垮塌，也许明天就会奔赴新的岗位，但是即使是最后一天，那些优秀的公司团队成员也绝对不会开小差，更不会去主动违反公司的制度。因为他们将服从当作自己的天职——只有服从于团队制度才能够打造出世界上最有战斗力的团队！

我们作为公司团队中的一员，就应该向那些优秀的公司团队成员学习，坚决服从团队制度，用自己的生命去维护团队制度——也许我们的团队不是市场上最棒的团队，但是只要我们永远都去服从团队制度，就能让自己所在的公司团队成为市场上最有竞争力的集体！

【团队力量】 服从就是需要自律，只要我们能够时时刻刻都去严格要求自己，规范工作、态度认真，就能够让公司团队获得大跨步的发展。

7. 制度会说话：好制度，好团队

好的制度如同具有神奇魔力的“法杖”，能够打造出一个好样的团队。

——团队格言

优秀的公司团队在奋斗的历程中从来不会停止对制度的改进，因为拥有了一个好的制度，才能够打造出一个好样的团队。

不论我们的公司团队正处在辉煌的巅峰，还是我们的公司团队正在产业链的最底端徘徊，我们都不应该放弃对公司团队制度的改进——只要我们不断地去修补团队制度中的漏洞，就能够拥有一个好的团队制度，从而让我们的公司团队迈上产业链上更高端的环节。

【团队力量】 一个好的制度就是公司团队发展的力量之源，所以公司团队中的每一个人，都应该不遗余力地去改进公司团队制度，让它产生更强大的发展推动力。

8. 制度一定要有很强的包容性

包容不仅仅是应该体现在团队的领导的态度上，更应该体现在团队的制度上。

——团队格言

缺失了包容性的团队制度，就如同一张冰冷的网，很多时候没有网住竞争对手，却让自己不能破网而出——那些优秀的公司团队管理者在建设团队的过程当中，会积极地提升团队制度的约束力，但是他们也会赋予制度更多的包容性，因为有了包容性的制度会让团队变成一个更为温暖的集体！

所以，每一个在公司团队的建设过程中，团队管理者就必须仔细地去研究评估制度的包容性，看看现行的制度是否太过“生硬”——只有允许团队成员犯错，并会让他们在错误中迅速成长的团队制度，才能够让公司团队产生更强大的竞争力!

所以说，让自己公司团队现行的管理制度多一些包容性，应该成为每一个公司团队管理者都要注意的大问题。

【团队力量】 一个有着很强包容性的公司团队制度，会激发团队成员的创造力和积极性，从而让他们甘愿为企业付出自己的一切。

9. 制度与文化必须融合

任何一个团队制度如果没有与团队文化相互融合，这样的团队制度就是一些简单的条条框框。

——团队格言

管理制度与管理文化相融合，就能够打造出一支富有竞争力的团队。

那些优秀的公司团队管理者在管理团队的时候，一定会使用好两项管理武器——团队制度与团队文化，因为制度能够让文化灌输得更广泛更深入，而文化也会让制度更有活力，更有约束力。

因此，公司团队管理者应该在规范公司团队制度时，积极地去灌输企业文化，用文化的力量增强公司团队制度的约束力，从而确保公司团队的竞争力。

所以说，将公司团队制度与企业文化完美地相互融合，不但能够管理好公司团队，更是体现了公司团队管理者的水平与能力。

【团队力量】 只有用科学的手法和合理的推进速度才能够让制度与文化完美地相互融合，从而加强和丰富公司团队管理者的管理手段。

10. 制度考核机制是关键

建立有效的制度考核机制，才能够让制度产生效力。

——团队格言

“只看结果，不看过程”，这是很多公司团队管理者最喜欢说的一句话，但是他们却总是得不到自己最想要的结果。因为，结果就是由过程制造的——什么的结果源自于什么样的过程。

所以，那些优秀的公司团队管理者在建立推广团队制度的时候，都是非常注重结果的。因此，他们会建立有效的考核机制去保障制度的有效性，从而打造出一支富有战斗力的团队队伍。

所以，对于每一位公司团队管理者来说，他们在注重结果的同时就必须建立相关的制度考核机制——只有确保了过程的完整，才会产生完美的结果。

那么，公司团队管理者该怎么做，才能够建立有效的制度考核机制呢？

(1) 公司团队管理者应该建立分类考核制度。对公司团队中的不同岗位做出科学的分析，明确每一个工作岗位的性质、内容、要求，从而制定出考核重点。这样，就能够很有针对性地对不同岗位设置出合理的考核指标。

(2) 公司团队管理者应该落实，定量与定性相结合的考核方法。公司团队管理者应该根据“德、能、勤、绩”四个方面去定量和定性，然后通过具体的指标做好制度考核，从而让制度考核机制更加完整和公平。

【团队力量】 建立公司团队的制度考核机制，一定要积极地采纳各方面的意见，只有做到公平、公正、合理，才能够让考核机制发挥功效。

11. 制度有多严，团队就有多硬

那些优秀的公司团队之所以是世界上最“硬”的竞争团队，关键就在于他们有着严格的管理制度。

——团队格言

任何一项制度如果失去了严格的一面，这项制度就如同失控的火车，会让制定这项制度的团队迅速地走向“死亡的深渊”。

制度有多严，团队就有多硬，这是一句很多公司团队管理者都积极奉行的管理铁律。但是，他们在实际工作中却根本就没有严格地去执行。与之相比，那些优秀的公司团队管理者无疑就是忠实履行这一管理理念的人，他们从来不会让团队制度失去严格的一面，而是用严格的要求确保了制度的强制性，更打造出了世界上最“硬”的铁血团队。

所以，对于每一个公司团队管理者来说，要想打造出一个坚硬如铁的优秀竞争团队，就必须去严格地维护团队制度。

【团队力量】　公司团队管理者在用严格的要求去确保制度的强制力之时，一定要采用合理有效的方式，切莫将简单的粗暴管理当作是严格要求。

12. 制度缺陷的罪魁祸首是思维盲点

作为公司团队的管理者，他们的任何一个思维盲点都会让团队制度产生缺陷。

——团队格言

所谓思维的盲点，通俗点来讲就是没有想到的地方。

对于任何一个团队的管理者，在创建团队制度的时候，凡是想不到的地方都有可能成为思维的盲点，而这些思维的盲点就是制度缺陷的“罪魁祸首”。

所以，那些优秀的公司团队在建立团队制度的时候，都会积极地去听取下属的意见，以集思广益的方式减少思维的盲点，从而使团队制度的缺陷大大减少。

因此，对于那些专横跋扈、自视甚高的公司团队管理者而言，在制定每一项公司团队制度时，都应该放下架子，积极地去征集团队成员的意见，不再让自己的思维盲点成为产生制度缺陷的根源。

【团队力量】　每一个人都会有想不到的地方，就算是能力非常出众的公司团队管理者也不例外。所以，积极地听取每一个团队成员的意见，就是减少思维盲点最好的方式之一。

13. 制度必须人性化

任何一项不够人性化的制度都只会加速团队的分散，而不会让团队更加凝聚。

——团队格言

制度是冰冷的，但是受约束的人却是温暖的，是需要人性关爱的。

很多优秀的公司团队管理者都是非常严格的管理者，因为他们的眼里容不下一粒沙子，每一名下属在犯了错误之时都会受到批评。但是，他们也有着温情的一面，他们会责罚犯错误的团队成员，但是更愿意给予其改正错误的机会，所以他们的团队才是市场链上最好的竞争者之一。

同样，那些希望自己的公司团队能够获得飞速发展的管理者，就应该积极地去向那些优秀的公司团队管理者学习。在设置一套管理制度的时候，就应该站在团队成员的立场去思考问题，而且要始终明白：建立制度的目的是为了让团队管理产生更大的效力，而不是去激起每一个团队成员的怨恨之心。

【团队力量】　公司团队管理制度人性化，已经成为了时代的主题之一——要想让自己的公司团队在和谐融洽的氛围中工作，就必须建立更人性化的制度。

14. 制度条例不在多，关键要贴近团队实际

如果团队的制度不符合实际，那么再多的条条框框都是“空架子”。

——团队格言

刘禹锡的《陋室铭》曰：“山不在高，有仙则名；水不在深，有龙则灵。”

同样，一个团队的管理制度管不管用，关键不是看条例有多少，而是要看是否符合团队的实际情况。而那些优秀的公司团队就是这样的团队——那些优秀的公司团队的制度没有太多的条例，最重要的一点就是要能够确保战斗力、能够争取到更多的市场份额。

所以，对于公司团队管理者而言，在制定团队管理制度时，就应该根据团队的实际情况，做出全面、严密、封闭的考虑，而且还要有着很强的可操作性。更为重要的是：制定管理制度的管理者，一定要有很强的责任心，有很高的悟性，通过深入调查确保自己能够做到时，还要保证大多数人都能够做到。

因此说，一项优秀的公司团队制度，关键不是制度条例有多少，而是要看和团队实际情况的贴近度有多高。

【团队力量】 制度要贴近团队实际，就需要公司团队管理者深入一线、深入基层，在大量走访调研的基础上，才能够制定出贴近团队实际的工作制度。

15. 培养能遵守制度的团队成员

只有让每一名团队成员都去遵守团队制度，才能够让公司团队制度发挥出根本作用。

——团队格言

那些优秀的公司团队制度之所以能够产生巨大的效力，一个最为关键的原因就是——优秀公司团队的管理者在制定相关的制度时，还会积极地去培养能遵守制度的团队成员。

作为一名公司团队管理者，我们的工作就是做好管理，让团队紧紧地凝聚在一起，努力创造更大的效益。所以，任何一个公司团队管理者的工作目的不是制定制度，而是培养出能够遵守制度的团队成员，从而让制度为团队的发展“保驾护航”。

那么，公司团队管理者应该怎么去做，才能够培养出遵守制度的团队成员呢？

(1) 做好入职培训。每一个团队成员在正式入职之前，对于公司团队制度并不是很了解，而且他们本身就是一张白纸，有着很强的可塑性。所以，公司团队管理者就应该从入职培训做起，狠抓出一批遵守团队制度的优秀成员。

(2) 经常激励，严格监督。很多团队成员之所以违反公司团队制度，就是因为他们在思想上开始懈怠。所以，这就要求公司团队管理者要经常去激励，并用严格的监督去管理他们，从而培养出一批遵守团队制度的合格成员。

【团队力量】 要培养出一群遵守团队制度的优秀团队成员，关键就是要让他们从内心深处接受企业制度，如果他们从内心深处抵触团队的制度，那么制度最终就会失去约束力。

16. 做一名忠于团队制度的好员工

只有忠诚于团队制度的员工，才是团队中最优秀的一分子。

——团队格言

忠于团队制度，就是那些优秀的公司团队长盛不衰的秘诀之一。因为，当每一名员工都忠于团队制度的时候，公司团队就会降低犯错误的概率，不会遭受不必要的损失，更会让公司团队永远散发着旺盛的生命力。

我们作为公司团队中的一员，就应该积极地向那些优秀的公司团队成员学习——每一天都能够在勤奋与努力中度过，认真地去执行每一项工作任务，绝对不会去违反企业制度，更不会在违反了企业制度之后总是为自己找借口推脱。

可以说，只要我们能够忠诚于团队制度，那么我们就能够成为合格的团队成员，为公司团队的发展做出贡献，而不是损害。

【团队力量】 忠诚于公司团队制度，就是我们对于公司团队最大的回报，也会让公司团队成为市场上最有战斗力的优秀集体。

第7章

团队执行：只有执行到位的团队，才能为公司赢得市场地位

蒙牛集团董事局主席宁高宁说："成功的公司一定是在战略方向和战术执行力上都到位。在战略上完全失败的公司并不多，更多的公司是在几乎同样的战略方向下在竞争中拉开了距离，执行力的高低决定了公司的强弱。"

很多失败的公司团队管理者都热衷于学习和实施不同的管理技巧，却总是因为对公司团队执行力缺乏真正的理解和实践，使得他们自以为很不错的管理技巧只停留在纸上谈兵的阶段，最终为公司团队的发展失败埋下了祸根。因此，每一名希望更加优秀的公司团队管理者都应该明白：执行好了，就是胜利，公司团队就能够迅速成长起来；没有好的执行，再好的战略也是一句空话，管理者再大的雄心壮志也只能饮恨东流。

1. 优秀团队执行力：成员决定团队

只有那些能够执行到位的员工，才是决定团队兴衰的骨干力量。

——团队格言

任何一个公司团队，如果没有能够执行到底的团队成员，就不可能成为优秀的公司团队。

那些优秀的公司团队在执行任务的时候，几乎每一名员工都能够严格地按照管理者的指示去做，做任何一件事情都不会打折扣。那些优秀的公司团队之所以能够成为一个历经磨炼而没有衰落的团队，就是因为他们有着无与伦比的强大执行力！

所以说，在公司团队的建设过程中，团队领导必须以最大的力度去提升团队执行力，让每一个团队成员都能够将工作做到位，像狼一样不打任何折扣地去执行，只有这样才能够建设出一个伟大的公司团队。

【团队力量】　强大的执行力就是公司团队不断发展的保障力，只要每一个团队成员能够认真去执行每一件工作，就能够打造出一个优秀的狼性公司团队。

2. 没有执行力，就没有团队竞争力

执行力就是战斗力，没有执行力的狼群就是一个没有战斗力的团队。

——团队格言

三分靠决策，七分靠执行，没有执行力根本就不会有竞争力。

那些优秀的公司团队在发起竞争的时候，都能够比竞争对手更快一步，就是因为他们有着强大的执行力，是一群能够执行到底的“铁血勇士”。

团队执行力之所以会提升团队竞争力，一个很关键的原因就是执行力能够增强团队凝聚力。因为，在企业中，执行力的强弱反映的不仅仅是团队成员的工作态度问题，更清晰地反映出了公司团队的工作作风问题。

所以，对于那些渴望提升公司团队执行力的领导而言，就必须狠抓执行力来凝聚团队力量——上下一条心，拧成一股绳，才能够让公司团队形成“九牛爬坡，个个用力”的大好局面，从而让公司团队的执行力大大提升。

【团队力量】 在提升公司团队执行力的过程中，领导们就应该以身作则、率先垂范，既要当好决策家，又要深入一线当好实干家，只有这样才能够让公司团队的执行力大大提升。

3. 用创新缔造强有力的竞争团队

用创新力激发执行力，执行的过程其实也是一个创新发展的过程。

——团队格言

执行的要义就在于创新，没有创新的执行就是没有附加值的执行。

那些优秀的公司团队在执行作战任务的时候，从来都不会墨守成规生搬硬套，而是会根据对手的变化灵活处理，不断地创新调整作战方式，从而达到以最小的代价取得最大的胜利的目标。

提高公司团队执行力，就是加快公司团队建设步伐的重要保障——让每一个公司团队成员都不断地增强执行意识，创新执行的方式，提升执行的效率，就能够让公司团队的核心竞争力在执行到位的基础上，获得进一步的发展。

所以，对于公司团队管理者，提升公司团队执行力就是他们必须狠抓落实与创新的重要任务之一。

【团队力量】　要想提升公司团队执行力就必须积极地进行创新，因为创新能够提升各方面的能力与效率，从而让企业的竞争力在创新执行中大大提升。

4. 主动执行方能实现目标

目标从来不会自己实现，只有主动执行才能够让目标提前实现。

——团队格言

主动执行是那些优秀的公司团队身上最为突出的特质之一，也正是因为他们总是能够主动去执行，所以他们几乎在每一次的进攻中都能够实现竞争目标。

主动执行，永远进步；主动去做，总有收获。

我们作为公司团队中的一员，就必须明白这样一个道理：在竞争激烈的市场中，只有主动执行者能够获得消费者的青睐，能够击败任何一个强大的竞争对手。

所以，当我们的公司团队开始裹足不前之时，当我们在工作中没有激情之时，我们不妨将主动执行培养成为一种习惯——凡事只要我们能够主动去执行，就没有解决不了的问题，也没有我们迈不过去的“挫折之坎”，最终会让我们都成为拥有很强竞争力的公司团队成员。

【团队力量】　要让自己成为一名拥有主动执行这种好习惯的团队成员，就必须从思想和行动上紧张起来，让自己时刻都去监督自己、主动去问问自己：“今天有哪一件事情没有主动去执行?”

5. 创建优秀团队，组建强势执行团队

那些优秀的公司团队就是强势执行团队的最佳代言人。

——团队格言

思想家富兰克林说：“你要追求工作，别让工作追求你。”

那些优秀的公司团队的强势主要就是体现在他们强大的执行力上面。换句话说，强大的执行力就是些优秀的公司团队不断变强，最终成为市场上最强势竞争团队的主要原因。

在工作中，很多事情并不是我们喜欢做的，因此我们在执行的过程中总是在这些不喜欢做的事情上变慢，放缓工作进度，从而导致执行力下降。而随着执行力的下降，我们所在的公司团队的竞争势头就会减弱，最终变成一个“弱势竞争团队”。

所以，要打造一个优秀的公司团队，我们就必须更加努力地去做自己不喜欢做的事情，争取将不喜欢做的事情按时做完，将喜欢做的事情提前做完，这样就能够打造出一个强势执行团队。

【团队力量】 只有强势的执行才能够让我们勇敢面对工作中的不愉快，能够抓住那些一经失去就永不再回的机会，让我们成为最优秀的公司团队成员。

6. 贯彻团队文化，提升团队执行力

良好的团队文化能够催生出更强大的团队执行力。

——团队格言

执行就是力量，是能够让团队由平凡走向卓越的伟大力量。但是，缺少了团队文化积淀的执行力，根本就无法长久。所以，那些优秀的公司团队管理者在增强团队执行的过程中，一直会将团队文化灌输给每一名员工，用团队文化催生出强大的团队执行力。

作为一名公司团队管理者，我们在增强公司团队执行力的过程中，一定要积极地贯彻企业文化，利用企业文化激发团队成员的责任感意识，增强团队成员的工作能力，从而打造出一个拥有强大执行力的公司团队。

【团队力量】 利用企业文化增强团队执行力的关键，就是一定要让企业文化贯彻到位，而不能是只喊空口号却没有具体的贯彻措施。

7. 绝不认错的观念会影响执行力

错了就是错了，狼群中从来都没有死不认错的狼。

——团队格言

绝对不认错的观念就是一种“有害物质”，会严重威胁到公司团队的执行力，因为这会让团队成员慢慢变得不愿意承担责任。更为可怕的是，绝不认错的人一直都认为自己是正确的，他们在工作中固执己见的做法，往往会严重影响团队执行力的保持与提升。

相较之下，那些优秀的公司团队管理者在增强团队执行力的过程中，对于那些错了而不肯认错的员工，总是给予最严厉的惩戒和教育。结果是，团队的执行力也没有因此而受到影响。

所以，公司团队管理者对于绝不认错的团队成员，一定要严肃惩戒和教育，绝对不能姑息。只有让他们变得谦虚，懂得及时改正错误，才能够让公司团队的执行力不断增强。

【团队力量】 要想增强公司团队执行力，有效地消除绝不认错的观念，就应该让每一个团队成员都懂得反省自己，因为只有经常反省才能够及时地意识到自己的错误。

8. 没有失败的团队，只有失败的执行

每一次失败的竞争，绝对有执行不到位的因素影响。

——团队格言

对于那些优秀的公司团队成员来说，即使是失败，他们从来也不会从内心深处去否定自己所在的团队，因为他们清楚地知道——世界上没有失败的团队，只有失败的执行。

我们很多的公司团队成员，在工作中犯了错误，没有很好地完成工作任务，却总是将失败归结于别人，归结于整个团队，觉得跟自己一点儿关系都没有。

实际上，“事不关己，高高挂起”这种不良的风气一直都存在于企业中。所以，每一个想要增强企业执行力的团队领导，都应该让每一个团队成员明白：没有失败的团队，只有失败的执行，任何一个人的不认真不努力，都可能会给团队的整体执行情况带来很大的影响。

人生旅途里，时间与价值总并肩而行。目标明确、主动出击者，一分一秒都是成功的记录；目标含糊、被动执行者，一分一秒就是生命的流逝。时间给积极主动者留下智慧与力量，给消极被动者留下空虚和懊悔。所以，要实现成功，就要把握时间，主动执行。

【团队力量】 “一等二靠三落空，一想二干三成功”——在增强公司团队执行力的过程中，每一个人都应该从自己做起，绝不“等、靠、要”，努力去提升团队的执行力。

9. 比竞争对手行动得更早

行动，行动，再行动！只有不断地行动，团队执行力才能够迅速提升。

——团队格言

逐鹿天下，狼群总是以行动为先——凡事只有先去行动，才能保证执行到位！

当我们在工作中遇到困难之时该怎么办，是选择继续前行还是选择后退？面对困难，我们作为一名公司团队成员，最应该做的就是迎着困难赶紧行动，用强有力的行动将公司团队的意图执行到位，才能够将工作做到最好，并且让自己所在的公司团队拥有无与伦比的强势执行力。

所以，我们要想让自己的公司团队成为市场上的王者之师，就应该将行动看作是通往成功的保障力，是团队不断提升执行力的关键。只有这样，我们此后的工作道路才将会是洒满阳光的坦途，而不是布满阴霾的坎坷之路。

【团队力量】 挫折是宝，困难是金，障碍是指引我们走向成功的路标。所以，当我们和公司团队陷入发展的泥潭之后，一定要积极地行动，用强大的团队执行力解决所有的问题！

10. 完美执行，勇于担责

只有勇于承担责任的团队成员，才能够是团队中最优秀的执行者。

——团队格言

要想成就完美的执行，就必须拥有一颗强大的责任心。因为，只有有责任心的人才能够执行到位，将每一件事情做好、做到完美。

那些优秀的公司团队成员做任何一件事情都追求最好，完美与否就是他们衡量一切的标准。正因如此，他们在执行每一次行动的过程中都追求完美，并且能够勇敢地承担起属于自己的责任。

所以说，当公司团队在增强团队成员的执行力之时，就应该从培养团队成员的责任心开始——只有每一个人都不再推卸责任，在执行的过程中力求完美，才能够打造出一支拥有强大执行力的公司团队。

【团队力量】 要想让每一个公司团队成员都能够执行到位，将工作做到完美，就是让他们在团队中找到合适的地位和归属感，因为这两样东西能够让他们将企业当作人生中最重要的一部分。

11. 执行不到位，不如不执行

执行不到位还不如不执行，因为执行不到位就是一种失败。

——团队格言

比竞争对手行动得早，轻易不会参与竞争，但是一旦参与竞争就一定会会竭尽全力，不管执行起来多么的困难，他们也会拼死坚持到最后。之所以比竞争对手行动得更早，就是因为他们懂得——执行不到位还不如不执行，而执行不到位所带来的结果只能是失败。

对于任何一个公司团队而言，执行不到位就会导致企业成本增加，是对于企业资源一种极大的浪费——失败的同时还带来了损失。

执行不到位，肯定会让之前的工作都前功尽弃。所以，我们作为公司团队中的一员，就必须拿出最大的精力去落实好每一件事情，千万不能抱着“走走过场”的心理去工作。因为，这样不但会让我们成为一名不合格的公司团队成员，还会严重影响公司团队的发展。

【团队力量】 执行要到位的关键并不在于总结和反思，而是在工作之前就应该做好计划、布置到位，这样才能够在执行过程中不出现纰漏。

12. 要想做好执行就必须增强行动的可操作性

没有做好执行可能并不是我们的态度不好，还有可能是因为这项行动的可操作性太低。

——团队格言

如果一项行动没有很强的可操作性，那么这项行动的执行难度就会很高。所以说，可操作性越低，执行不到位的可能性就越大。

值得每一个公司团队学习的是——那些优秀的公司团队在参与竞争之前，都会选择最好的攻击地点与攻击时间，因为这样能够让执行的可操作性大大增强，从而成功地“猎杀”目标对象。

对于任何一个公司团队而言，执行到位的精神固然重要，但是每一次行动的可操作性的强弱也是不能忽视的——简洁明了的操作步骤，能够让每一个团队成员都马上就清楚执行的流程，执行起来就会得心应手，从而将工作任务执行到位。

所以，我们在打造一支优秀的执行团队之时，一定要注意工作的可操作性的强弱，尽量减少不必要的工作环节，增强工作任务的可操作性，从而打造出一支优秀的执行团队！

【团队力量】 要想打造出一个具有很强执行力的公司团队，就应该在告诉团队成员“应该做什么”的同时，告诉他们“该怎么去做”，这样就能够有效地增强工作任务的可操作性。

13. 干练果断：做团队执行的中坚

在执行的过程中必须干练果断，否则就会导致执行不到位。

——团队格言

犹豫不决的人往往就是团队中执行力最差的人，因为犹豫不决会导致机会的流失和时间的浪费。试想一下，一件工作在恰当的时机去做，是不是比时机不好的时候去做更能执行到位？一件本来需要三个小时完成的工作，在犹豫不决中浪费掉两个小时之后，剩下的一个小时能不能将这件工作执行彻底？

毫无疑问，这两个问题肯定有着同一个答案——“不能”。

正因如此，那些优秀的公司团队在做每一件事情的时候，都会干练果断地去执行，绝对不会在犹豫不决中让机会和时间都白白流失，导致最后没有执行到位。

因此，每一个公司团队都应该积极地向那些优秀的公司团队学习——在执行工作任务的时候，善于分析工作情况，懂得把握机会和掌控时间，干练果断地做好每一个环节，从而让他们成为公司团队执行的中坚力量。

【团队力量】　在能力未增强之时，我们会拿不定主意，显得犹豫不决，使我们无法成为公司团队的执行中坚力量。要想让我们在执行工作任务之时干练果断，那就必须积极地提升自身的能力。

14. 意图明确，团队才能高效执行

如果没有明确的作战意图，那么再怎么去努力执行也只能是徒劳。

——团队格言

那些优秀的公司团队在参与竞争之际，第一个要弄清楚的就是行动意图。因为，只有明确了行动意图，公司团队才能够高效地执行作战计划。

所以说，对于任何一个公司团队管理者而言，要想让团队成员拥有高效的执行力，那么就应该将公司团队的发展意图明确地告诉大家。告诉大家明确的团队发展意图，就能够让团队成员知道劲儿该用在什么地方，什么时候该用多大的劲，该怎么去用劲。只有这样做，才能够保证公司团队把每一个工作项目都做得很好，因为每一个团队成员的高效执行是建立在明确的行动意图之上的。

【团队力量】 明确公司团队的发展意图，最先要做的就是让发展意图具象化——将发展意图以具体的目标或指标形式提出来，最后让团队成员去高效地执行。

15. 执行必须百分之百

接受了任务就等于做出了庄严的承诺，所以任何打折扣的执行都是不守信诺的可耻行为。

——团队格言

戴尔电脑公司创始人迈克尔·戴尔说："执行必须是不打折扣的，否则所有的工作都会推迟，所有的项目都会后移，而我们距离收益最大化也会更遥远。"

可以非常肯定地说，执行不打折扣，这是那些优秀的公司团队成为市场链上最有战斗力团队的一个主要因素。

实际上，执行大打折扣的现象，在当前的公司团队中屡见不鲜。而造成这种情况出现的主要原因，除了企业文化、执行态度、纪律制度等方面之外，还有一个很重要的原因就是——公司团队管理者在管理的过程中不分主次，他们这种胡子眉毛一把抓的管理方式，导致团队成员在执行的过程中分不清头绪，做事情没有先后顺序，使执行不能达到百分之百。

所以，对于公司团队管理者而言，只有分清楚了工作任务的重点环节和次要环节，有的放矢，才能够达到百分之百的执行效果。

【团队力量】 要想打造一个百分之百执行到位的公司团队，那么管理者就必须懂得优先排序原则，将工作按照重要性和时效性排列出优先顺序，才能够将工作清楚地交代给团队成员，最终让他们百分之百地执行到位。

16. 信息渠道不畅通导致执行不到位

如果没有畅通的团队信息渠道，就根本不可能执行到位。

——团队格言

那些优秀的公司团队在执行任务的过程中，时刻都会去注意团队的信息渠道是否畅通，因为信息渠道一旦被对手掐死，那么团队的所有行动都不可能执行到位，甚至还会给团队带来很大的危险——没有良好畅通的信息渠道，就无法将每一个工作项目执行到位，更会让公司团队在激烈的市场竞争中被淘汰。

通常来说，公司团队信息渠道不畅通主要有两个方面的原因：一是从领导通往成员的信息出现问题，这类问题大部分出在团队中领导身上，高层领导制定的政策可能涉及不利于中层领导的利益时，中层领导者往往就会使信息传递不全或走样，结果使得基层团队成员在执行的过程中大打折扣；二是从成员到领导的信息渠道出现了问题，即基层成员在执行中遇到阻碍或问题向高层领导反映的时候，触及了中层领导的利益或权威，结果由于中层领导的从中作梗，致使信息渠道不畅通，最后使得普通成员不能及时接到上级的指示，最后导致执行不到位！

可以说，团队信息渠道不畅通导致执行不力，主要的症结在于团队中层管理者。所以，只有约束好公司团队的中层管理者，才能够保证信息渠道畅通，进而打造出高效的执行团队！

【团队力量】 保障公司团队信息渠道畅通，打造出执行到位的公司团队，关键就是要平衡各方面利益，不断增加团队凝聚力，在团结中保障信息渠道的畅通。

17.执行就是要热情

如果执行没有热情，那么执行就不会高效。

——团队格言

冷酷，就是那些优秀的公司团队迷惑竞争对手的一张面具；热情，就是那些优秀的公司团队击败一切竞争对手的最大力量。

作为一名公司团队成员，假若我们在工作中不能保持热情，不能全身心地去投入到工作中去，那么，我们就是公司团队中最大的“黑洞”，整个团队的业绩都被我们悄悄地“吞噬”。因为，没有热情的人，就是在工作中执行不到位的人。

热情的执行态度是衡量一个公司团队成员是否合格的重要标准！因为，热情能够让我们热爱自己的公司团队，在执行团队任务的时候会更加主动，绝不拖拉，而且能够让我们拥有钻研到底的精神，将每一项团队任务执行到位，从而在我们的努力下打造出一个优秀的公司团队。

所以，我们必须时刻告诉自己：执行必须热情，没有热情的执行就是在敷衍差事！

【团队力量】 如果我们是在执行中缺乏热情的公司团队成员，那么我们的存在就是对团队最大的伤害，因为我们总是不能能将团队任务执行到位。

18. 执行任务必须不走样

我们执行任务的时候从来不会走样，因为这样会改变执行的结果——失败会马上降临。

——团队格言

那些优秀的公司团队成员在执行任务的时候，绝对会按照管理者的意图去坚决执行，而且从不走样。因为他们知道——执行任务一旦走样，就会给团队带来很大的麻烦！

我们经常能够看到这样一些公司团队成员，他们在领导布置任务之时认真地做笔记，一副仔细聆听的样子，看上去比谁都听得明白。可是在实际执行的过程中，他们却总是不明就里，一副什么都没有搞清楚的样子，稀里糊涂地就去执行，结果他们所执行的任务大打折扣。

那么，该怎么做才能够成为一名优秀的团队任务执行者呢？

(1) 很好地领会领导的意图，才能很好地去执行。

(2) 要让执行不走样，就必须有清楚的执行思路。

(3) 提前做好任务执行计划，就能够保证执行少走弯路。

(4) 不断检查，用检查的方式保证执行效率。

【团队力量】 作为一个优秀的公司团队成员，就必须做到接受任务不走样，百分之百理解领导交代的任务，这样才能保证执行的最好结果。

19. 没有统一的标准，就没有彻底的执行

只有统一的团队执行标准，才能够让每一次执行都彻底到位。

——团队格言

对于任何一个公司团队而言，没有统一的执行标准，就会让团队成员在执行的过程中感到迷惑，不知道自己到底做到什么程度才算执行到位。显而易见，没有统一的执行标准，就是让团队执行力大大下降的一个主要原因。

所以，每一个公司团队在提升执行力的过程中，一定要将任务目标层层分解，并制定出每项工作任务的统一执行标准，使团队成员有一个执行的参照和对照，不至于让执行者感到迷惑，更不会出现滥竽充数、蒙混过关的现象。

【团队力量】 制定统一的执行标准一定要合理，既不能以最优秀执行者的业绩作为参考标准，也不能以最差执行者的业绩作为参考标准，而是应该取一个合理的业绩中间值，从而保证每一个团队成员都有信心有实力执行到位。

第8章

团队环境：优秀公司团队能够迅速适应激烈竞争环境

在当前这个科技和文化都快速发展的知识经济时代，商业环境几乎每年都发生翻天覆地的变化，而能否迅速适应新的市场竞争环境，就成为每一支公司团队能够赢得未来的重要因素之一——任何一家公司要想迅速适应新的市场环境，都必须建立快速的反应机制，及时准确地反馈出市场信息，从而比竞争对手更快一步地适应市场环境，进而在激烈的市场竞争中胜出。所以，公司团队管理者都应该明白：只有能够迅速适应激烈竞争环境的公司团队，才能够成为当前这个市场环境中的真正“竞争者”。

1. 残酷的竞争，需要强者

我们所处的世界是充满竞争的，唯有强者才不惧竞争，并能够在残酷的竞争中生存下去。

——团队格言

在适者生存的商场上，只有强者才能笑到最后，这是万古不变的残酷铁律。历经无数磨难之后，那些优秀的公司团队能够屹立在强者之巅，不是出于偶然，而在于他们始终把“像强者一样而活”奉为生存发展的秘诀。

“像强者一样而活”，拥有强者的性格，强者的作风，正是因为做到了这些，那些优秀的公司团队才最终成为商场中强大的竞争者。

市场竞争是残酷的、无情的，公司团队要想在这样激烈的竞争中为自己的企业赢得一席之地，就必须以强者的风范去迎接竞争。只有成为强者，公司团队才不必每天为了企业的生存而战战兢兢，才能够真正主宰自己的命运。

【团队力量】 公司团队取得成功的第一步，就是具备强者性格和强者作风，只有这样才能在激烈的市场竞争中存活下来，免于成为其他强者的“果腹之物”。

2. 活着，就必须面对残酷

生存下去的前提，就是要正视生活的残酷。

——团队格言

“真正的勇士，敢于直面惨淡的人生，敢于正视淋漓的鲜血。”

鲁迅先生的这句名言，历经了漫长岁月的洗礼，至今听起来仍然令人血脉偾张。是的，无论动物还是人，活着就必须要面对残酷，正视残酷，这是安身立命的根本前提。

一个公司团队，要想带领自己的企业在激烈的市场竞争中突围而出，也要勇于面对残酷，接受挑战。因为，活着，就必须面对残酷——让我们在残酷的环境中不断地磨炼自己，最终成为市场上最优秀的公司团队。

【团队力量】 活着就要面对残酷，每一个公司团队都必须明白这一点——只有鼓起和困难做斗争的勇气，才不会被残酷的市场竞争吓倒。

3. 生存不需要怜悯

我们不需要任何人的怜悯，命运掌握在自己的手中。

——团队格言

狼和狗有很大的不同。狗会向人摇尾乞怜，乞求人们施舍食物。而狼则不需要任何人的怜悯，它们有着锋利的獠牙，尖利的狼爪，所以会用自己的力量去夺取食物，争夺地盘。人们大多忽视狗的存在，却恐惧狼群的凶猛，可以说，正是因为狼群把命运掌握在了自己手里，所以才赢得了对手的尊重。

商场比自然界更加残酷，没有多少人会拥有怜悯之心。

所以，公司团队也不要对此抱有奢望。要想成为竞争中的佼佼者，赢得所有人的尊重，只有不断地壮大企业的实力，用实力去市场上争夺属于自己的地盘，这才是强者的生存之道。

【团队力量】 摇尾乞怜是弱者的生存之道，公司团队要自己动手，不依赖于其他人的怜悯，这样才能从市场竞争中脱颖而出。

4. 执着，坚持到底才能活

即使身陷重围，即使伤痕累累，我们也会执着地战斗下去。

——团队格言

经历一次次残酷的竞争，又一次次地重新投入到竞争中去，换作是一般的公司团队，恐怕早已在这种竞争环境中土崩瓦解。然而那些优秀的公司团队是与众不同的，他们有一种执着的精神——尽管他们的每一场战役都很艰苦，但他们却从不轻言放弃，执着到底是他们的生存之道。

公司团队发展的历程注定不是一帆风顺的，意志不坚强的公司团队很可能被一些风浪吓倒，继而失去继续前进的动力。要想成为像狼群那样百战百胜的团队，就需要具有坚持到底不服输的精神——因为执着，所以永不放弃；也因为执着，所以百折不挠；更是因为执着才能披荆斩棘，跨越重重劫难，看到希望的曙光。

【团队力量】 那些优秀的公司团队的执著精神，是支撑他们不断竞争的最大动力。公司团队如果具备了这种精神，就将迎来一段不错的发展历程。

5. 忍辱负重，后发制人

我们不会为了所谓的尊严，在自己弱小时去攻击比自己强大的敌人。

——团队格言

忍耐的滋味一点都不好受。但也只有隐忍，才能实现下一次更好的出击。忍耐，不是为了单纯的避让，而是为了后发制人。

在陷于逆境之中的时候，那些优秀的公司团队绝不会贸然寻求突围，他们会以隐忍的姿态来等待合适的时机。一旦这个时机到来，他们就会马上采取行动，迅速向竞争对手发起攻击，从而顺利突围。

公司团队在发展的历程中不可能是一帆风顺的，必然在其中会历经挫折，如果一味地猛冲猛打，只会消耗自己的实力。只有学习隐忍的战斗方式，在情况不利时暂避锋芒，才能逐渐壮大自己的实力，找到对手的弱点，从而达到一击必杀的效果。

【团队力量】 公司团队的管理者，一定要学会忍辱负重的本领，这样能够让你挺过生存的难关，并迎接一个更加美好的未来。

6. 付出耐性，收获美味

我们安静而耐心地潜伏在猎物的身边，等候最佳的狩猎时机，一旦时机成熟，便会一跃而出，收获美味。

——团队格言

狩猎是一项需要耐心的事情，如果没有耐心，不懂得小心翼翼地接近猎物，那么还没有接近猎物，它们可能就已经逃之夭夭了。狼群的围猎之所以厉害，正在于它们对狩猎活动有着超乎寻常的耐心。在进行狩猎时，它们会悄悄地接近猎物，然后把猎物逼到合适的狩猎地点，最后再蜂拥而上，享受到嘴的美味。

耐心，是狩猎成功必不可少的因素，同样对于企业来说也是发展壮大所需的良方。一个企业不可能用几天的时间就做大做强，想要从无做起，从小做大，这需要漫长而艰辛的过程。只有企业的团队多一点耐心，多一些坚持，才能最终实现自己的预期目标。

【团队力量】 心急吃不了热豆腐。公司团队具备了超乎寻常的耐性，才能用心地经营企业，并推动企业不断发展。

7. 强势竞争赢得一切

在恶劣的市场环境中，能够生存下去的公司团队都有着强势竞争的精神。

——团队格言

那些一直盘踞在市场竞争链最顶端优秀公司团队，其身上一直都有一种睥睨天下的“王者”风范。在他们的身上，我们可以感受到那与生俱来的霸气，他们的每一次行动都会让竞争对手心惊胆战。

企业要想做大做强，就要求公司团队具备强势竞争的精神。具备了这种“王者”风范，即使公司遇到再大的困难也能挺过去，即使面对强大的竞争对手也不会感到胆战心惊，成为市场上的“王者”——因为是“王者”，所以有一种君临天下的霸气；也因为是“王者”，所以注定会取得最后的成功。.

【团队力量】 王者风范是公司团队的一种强者气质，这种宝贵的气质会帮助团队克服逆境，迎难而上。

8. 先谋后战，顺势而为

优秀的公司团队从不盲目参与竞争，在参与竞争之前，我们会制定一份完美的作战策略。

——团队格言

那些优秀的公司团队都有着高人一等的智慧，他们每一次参与到竞争中去的时候都不是盲目的。在参与竞争之前，他们就会制定出最合理的竞争策略，争取以最小的牺牲来换取最大的胜利。

先战后谋是无用功，不谋而战是愚蠢的行为，只有先谋后战，才能从一开始就掌握战争的主动权。

建设一支公司团队，也要像狼一样去精心准备一场战争，在作战之前把一切行动都谋划好，制定出最合理的策略，这样公司团队获得成功的概率也会大大提高。

【团队力量】　没有谋略的公司团队，是一个不成功的公司团队，这样的公司团队势必不可能带领企业走向成功。

9. 生于忧患，死于安乐

我们向往忧患的生活，我们厌倦安乐的生活，因为我们都知道——忧患让人保持旺盛的生命力，安乐则会把企业推向覆灭的深渊。

——团队格言

“豪华尽出成功后，逸乐安知与祸双。”这是宋代改革家王安石说过的一句话，告诉我们的道理是：忧患会让人成功，而安乐则是滋长失败的温床。

那些优秀的公司团队是凭借什么才得以强盛不衰？简而言之就是忧患的力量，生存的压力逼迫着他们提升自己的竞争实力，逼迫着他们团结合作，也逼迫着他们采用更加残酷的方式参与竞争。接踵而来的忧患意识让他们不断进化，最终成为了一种令人感到恐惧的市场竞争体。

公司团队想要生存并发展壮大，也需要明了“生于忧患，死于安乐”的道理，只有历经忧患，才能浴火而重生；如果只贪恋安逸的环境，那么就永远都燃不起向上的热情，永远都只能做个平庸的公司团队。

【团队力量】 聪明的公司团队会乐于接受忧患的生活，甚至是主动去争取忧患的生活，而愚蠢的公司团队则贪恋安逸的生活。最后的结果就是，前者在竞争中不断发展变强，后者则渐渐被市场淘汰。

10. 随机应变，当机立断

遭遇突发状况时，快速而果断地加以解决是优秀公司团队的一贯作风。

——团队格言

特种部队在执行战地任务的时候，往往会遭遇各种突发的状况，而每一次发生意外的状况，他们都能够以最快的速度加以应对，从不在决断的时候犹犹豫豫，举棋不定。这种随机应变、当机立断的能力，让本来就非常厉害的特种部队变得更加威猛。

当断不断，必受其乱。公司团队应该知道这个道理。

每一个企业在发展的过程中都会遭遇很多意外的状况，要想处理好这种状况当然需要认真的考虑，但浪费过多的时间在这上面不会帮助你更好地解决问题，反而有可能让你错过解决问题的最好机会。公司团队在做决断的时候应该学习狼群的精神果断一点——这对企业发展会有莫大的好处。

【团队力量】 一个团队解决问题能力的高低，决定着这个企业发展速度的快慢。想要企业在激烈的竞争中更好地生存，就需要公司团队学会随机应变，当机立断。

11. 走为上计，学会保全自己

逃跑不是什么可耻的事，遇到危险时保全自己才是第一位的。

——团队格言

当处于不利的环境时，暂时的退却是最为明智的选择，此时的坚持不是勇敢，而是一种愚蠢的行为。

一些公司团队遭遇困境时，不懂得知难而退、走为上计，非要咬着牙去坚持，结果让自己的团队元气大伤——本来及时退却可以避免一场惨败，但因为这盲目的坚持，让公司团队失去了东山再起的可能。

所以说，每一个公司团队都应该果断一点，该撤离的时候绝对不要犹豫不决，暂时的退却只是为了更好地出击。

【团队力量】 一支善于生存的团队，既懂得进的重要性，也知道退的巨大意义。它们不会一味地猛冲猛打，在遇到无法抗衡的危险时也会及时撤离。

12. 勇敢是团队的血性之源

勇敢已经融入我们的血液之中，成为我们最强大的性格。

——团队格言

狭路相逢勇者胜。比实力更加重要的，是勇往直前的血性气势。面对劲敌时，对方除了摆出自己的硬件实力外，还会展露勇敢的性格。一名参加过战役的美国老兵曾这样回忆：我们躲在战壕里听外面志愿军的冲锋呐喊声，一浪高过一浪。即便机枪扫射后，新一拨的士兵又冲了上来。这种战斗场面一直在持续，就像他们从未考虑过生命会失去一样。这样大无畏的作风，又怎能不叫人心惊胆寒?

很多时候，企业陷于发展困境之中，就是因为公司团队没有把勇敢当作自己的血性，所以他们在面临挑战的时候缺乏勇气，容易变得手足无措。由此可见，企业想要快速地发展，不仅要不断壮大实力，更需要多一份勇敢，把勇敢溶于每一名团队成员的血液之中。当勇敢成为了团队的血性，成为了企业的血性，成功也就会接踵而至。

【团队力量】 一支勇敢的团队面前，不存在任何难以逾越的障碍，它会用勇气鼓舞自己前进，让自己成为竞争中的胜利者。

13. 责任胜于能力

真正能够在丛林中生存下来的团队，都必须像狼群一样是对自己负责任的团队。

——团队格言

欧洲有句很著名的谚语：“人生所有的履历都必须排在勇于负责的精神之后。”

因为负责，所以强大。可以说，这句话是对那些优秀的公司团队最中肯的评价。因为，在责任的内在力量的驱使下，他们时刻都保持着崇高的使命感和归属感，这种使命感与归属感最终都转化为了强大的生存能力。

责任胜于能力。几乎每一个成功的公司团队都非常强调责任的力量，因为责任就是最基本的职业精神的体现。它能够让一个人在团队中脱颖而出，让一个团队在行业竞争中一马当先。

责任感是宝贵而无价的，世界上根本没有不必承担责任的工作，工作就意味着我们承担起了一项责任——只要我们在工作中比别人更专注，比别人更高效，比别人更完美，那我们就是最好的公司团队成员。

【团队力量】 责任胜于能力，没有做不好的工作，只有不负责任的人——责任承载着能力，一个富有责任感的人才有机会充分展现自己的能力，一个充满责任感的公司团队才是最有竞争力的公司团队。

公司靠团队打天下
企业靠凝聚定江山

第9章

团队发展：高效率是公司团队快速成长起来的最大“引擎”

美国学界“思想巨匠”史蒂芬·柯维说：“在今天，个人和组织的高效能已经不再是可以讨价还价的选项，它是进入游戏场的入场券。但要想在这个全新的世界上生存下来、繁荣旺盛、有所创新、业绩出色并进入领先梯队，我们必须基于效能、超越效能。而这新时代的要求和心声就是卓越……”

行动必须高效，效率就是生命——效率就是公司团队发展的最大推助力，公司团队具备了高效的发展速率，就能够为公司谋取更多的利润。因此，每一个优秀的公司团队管理者都应该有深刻的效率理念：任何一位能够把自己和团队成员的工作效率大幅度提升，让大家的每一滴汗水都转化为效益的公司团队管理者，都是一位卓越的公司团队领导！

1. 信息时代，越快越好

我们以闪电般的速度从草原上呼啸而过，夺走一切想要的东西。

——团队格言

成功者往往在瞄准猎物后，绝对不会犹豫不决、行动缓慢，当战斗结束后，获胜者会骄傲地看着那些行动迟缓的对手，这就是文无第一，武无第二的写照。

在这样一个以快致胜的年代里，拖拖拉拉不仅会让一切工作变得没有效率，也会让企业错失稍纵即逝的宝贵战机。企业要想像狼群一样无往而不胜，就要拥有狼群般快如闪电的速度！狼行千里，呼啸如风，杀猎物于顷刻之间；公司团队战斗在这瞬息万变的商海里，同样也要有风驰电掣般的速度，只有这样才能让自己成为一个绝对高效的集体，也只有这样才有机会去夺取所需要的一切。

【团队力量】　速度即是金钱，速度即是生命！一个不断取胜的公司团队，一定是行动最迅速的团队——它能让企业运转得更加高效，也能让企业将其他对手都远远地甩在身后。

2. 突破前哨，快速出击

突破了前哨就不要再犹豫不决，一鼓作气向前冲，快速出击才是真正的狼道！

——团队格言

突破前哨后，再停留一分一秒都是多余的。狼之道就是迅猛出击，勇往直前，以摧枯拉朽之势击垮自己的对手。狼群之所以能够在自然界中所向披靡，无可匹敌，这全要归功于它们迅猛而果断的作战风格。

很多企业在发展的过程中习惯于做暂时的休整，殊不知这样的休整贻误了宝贵的战机，让企业难以及时地更进一步。等到企业休整好了，千载难逢的发展机会往往也已不复存在。

想要让企业快速发展，就要自始至终地保持高效运作，领导企业的团队就必须意识到这样一个问题——发展前进的路上不允许作分秒的停留，只有快速出击，不断冲锋向前，才能赢取更多的胜利，缴获更多的战利品。

【团队力量】 一支高效行动的公司团队，不会允许企业在发展过程中做任何无意义的停留。突破了前哨后，他们会带着企业继续高歌猛进，开拓出更为广阔的疆域。

3. 先下手为强

谁先下手，谁也就掌握了竞争的主动权。

——团队格言

武术中人总爱说这样一句话：“先下手为强，后下手遭殃。”意思是先出手的人能打对手一个措手不及，在一开始就占据巨大的优势；反之，后出手的那个人因为要疲于应付对手的攻势，所以会一直都处于被动挨打的位置。

那些优秀的公司团队在参与到竞争活动中之时，总是将“先下手为强”这一法则运用得炉火纯青，他们总是最先发起攻击，不给对手任何准备的机会。因为打得对手措不及防，攻击也就变得更加高效，每一次突袭都能有不小的收获。

一个企业的运作是否高效，先要看是不是会掌握先手，如果总是把先手的机会拱手交给自己的对手，那么企业自然从起跑线上就落后人家一步，高效运作也就无从谈起。因此，实现企业的高效，就要从“先下手为强”做起。

【团队力量】 能不能主动出击，提前出击，决定着一个团队是不是能够将工作做得更加高效。

4. 让每一分钟都变得高效

如果能用一个小时就击败竞争对手，那么我们绝对不会为此浪费多一秒的时间。

——团队格言

著名的英国海军上将纳尔逊，曾发表过一项令全世界懒汉都瞠目结舌的声明：“我的成就完全归功于一点，那就是我在人生中从未浪费过一分钟的时间。”

与纳尔逊的声明相同，那些优秀的公司团队同样视时间如生命，在他们的行动中，我们看不到一点浪费时间的迹象。他们的行动简捷而高效，每一分钟都能被高效地利用起来。

很多的公司团队都不知道如何去高效地利用时间，他们总是为一项工作投入过多的时间，这使得他们的行动变得低效，企业发展的脚步也是步履蹒跚。想要改变这种现状，公司团队就必须认真地向狼群学习，高效合理地利用好时间，让每分每秒都发挥出自己最大的价值。

【团队力量】 打造一个高效团队的关键，在于让团队成员把每一分钟都充分地利用起来，绝对不允许出现拖拖拉拉的状况。

5. 聪明人总是能够挤出时间

时间就像是一管牙膏，只要愿意挤，总还是能挤出一点。

——团队格言

有些公司团队总是抱怨自己的时间太少，认为现有的时间不足以支撑他们去实现伟大的理想。其实，聪明的公司团队都会在工作中节省时间，对于他们来说，不是时间太少，而是没有把时间节省出来。

那么，公司团队该怎么做才能够挤出时间，打造一个高效的公司团队呢？

(1) 节省会议时间。很多的公司团队将大量的时间浪费在不必要的会议上，从而导致公司团队的效率下降。因此，“大会三天开一个，小会天天开不断”的现象应该及时消除，否则会给公司团队的发展带来很大的不利影响。

(2) 抓好考勤工作，不让时间白白浪费。很多的公司团队之所以出现时间大量浪费的现象，就是因为没有狠抓考勤工作。所以说，抓好考勤工作，也能够为公司团队节省大量的时间，提升团队的效率。

【团队力量】 时间对于低效率团队总是紧巴巴的，而对于高效率团队来说从来都不缺少，造成这种区别的就是团队成员会不会利用零散时间。

6. 把精力放在关键问题上

集中精力去解决关键的问题，不要为了一点鸡毛蒜皮的小事分心。

——团队格言

高效工作的关键就是解决掉最关键的问题，这样其他的问题也就会迎刃而解。如果把太多的时间浪费在毫无意义的小事上，就会让行动变得拖沓缓慢。企业在发展的过程中要分清主次，将主要精力集中在关键的问题上，这样就能快速地解决掉问题。

那么，公司团队该怎么做才能够将精力放在关键问题上，打造一个高效的公司团队呢？

(1) 成立日常事务小组。成立一个日常事务小组，专门去解决团队中的那些“鸡毛蒜皮”的事情，然后为其他人腾出时间去解决关键问题。

(2) 做工作就从先做关键性和时效性强的工作开始。只有将手头最关键最急需处理的事情，按照优先顺序逐一做好，才能够将大部分精力都集中在关键问题上，从而打造出一个高效的公司团队。

【团队力量】 集中精力解决关键问题，这能让公司团队更加快速，更加有针对性地去解决企业发展道路上出现的问题，这样才有利于企业快速的发展。

7. 行动是金，用行动制造高效

行动是打造高效团队的保证，没有行动一切都无从谈起。

——团队格言

没有行动，自然也就没有高效，无论制订了多么好的计划，如果不付诸实施，一切就都只是空谈。公司团队成员要想实现高效的行动，就必须要付诸行动，只有行动起来，才会有真正的高效。

有些公司团队一直在嚷着要高效工作，把高效工作当成了自己的终极目标，但他们却从来没有用行动去落实自己的口号。他们往往制订了一堆高效工作的计划，但到最后这些计划却没有一项得以实行。因此，他们的高效也就只限于自己的憧憬之中。

注重行动，落实计划，才能打造出一支高效工作的公司团队。等到公司团队开始高效运作后，企业的发展也就不会再止步不前，让企业发展壮大也就不再是一句空口号。

【团队力量】 空谈没有任何的意义，一切高效工作的实现都建立在行动之上。有了行动，公司团队所制订的高效计划才能够得以实现。

8. 铁腕治军，创造高效

想要让团队行动变得更加高效。就必须学会用铁腕管理。

——团队格言

那些优秀的公司团队管理者管理团队的时候都十分严格，一旦发现有个别员工拖了团队的后腿，就会毫不犹豫地将其淘汰。因为他们这样严厉的管理手段，所以使得公司团队中的每一名员工在行动时都不敢有丝毫的懈怠，生怕自己被头狼无情地抛弃。

铁腕掌权不是一种人性化的途径，但却是一种有效的武器。一个铁腕的公司团队管理者，可以迅速使组织形成一种必须服从的气氛，管理者的各项指令也能毫无困难地被落实和执行，工作自然也就变得更加高效。

【团队力量】 用铁腕手段去治军，就是让每个团队成员都感受到一点压力，增加一点紧迫感，一旦团队成员有了这种压力和紧迫感，工作的效率也就会相应地有所提升。

9. 制定时间表，从最重要的工作开始

宁愿损失金钱，也不能损失时间，因为时间比金钱更重要。

——团队格言

在开展工作前制定一份时间表，不失为提高工作效率的一个好方法。通过这份时间表，我们可以分清工作的轻重缓急，从最重要的事情做起，按部就班地工作。这样一来，团队就能够实现高效地工作。

那些优秀的公司团队在发展过程中，会挑选最重要的事情去做，他们对于每一项工作都有着明确的安排。正因如此，那些优秀的公司团队的行动从来都是疾如风、快如电，没有一点拖拖拉拉的情况出现。

因此，每个公司团队都应该明白，只有为团队工作制定一份能够从最重要工作开始的时间表，先做最重要的后做次重要的，以此类推。如此才能提高团队的工作效率，打造出一支高效的团队。

【团队力量】 对于想要构建一支高效团队的企业来说，制定时间表的重要性不言而喻。只有做好了时间表，分清各项工作的轻重缓急，才能快速及时地完成每项工作。

10. 忙碌并不值得推崇

优秀的公司团队绝对不会如无头苍蝇一般乱转，他们会把所有的行动都安排得井井有条。

——团队格言

优秀的公司团队之所以称得上是高效的团队，正在于他们对于行动正确的规划。在那些优秀的公司团队中，你永远都看不到忙忙碌碌的情况出现，他们的每一个行动都有着清晰的规划，什么时候该去抓营销，什么时候该去抓生产，什么时候该去做好研发，这些都被安排得井井有条——不忙碌的风格，让那些优秀的公司团队总是行动高效，能够及时抓住市场机遇。

忙碌并不值得我们推崇，在那些优秀的公司团队中如此，在一般的公司团队中也应该是这样的。有步骤、有计划地工作，才能让团队工作变得更加高效，才能免于浪费宝贵的时间。一个工作高效的公司团队，会规划好自己的每一个行动，让自己每一个行动都有目的。

在竞争激烈的商海中，能够脱颖而出的永远都是那些高效运转的公司团队，而他们的高效就得益于忙碌而不忙乱的风格。

【团队力量】 看似忙忙碌碌的团队，未必工作的效率就有多高，往往那些真正工作高效的团队，工作起来都是有条不紊，不慌不忙。

11. 集中零碎时间就等于创造新时间

零零碎碎的时间看似很不起眼，但若把这些时间充分整合利用起来，就等于是创造了新的时间。

——团队格言

那些优秀的公司团队利用零碎时间的本事总是高人一筹，每一分每一秒的时间都会被他们充分地利用起来。正是因为合理地利用了零碎的时间，因此他们的行动永远是那么高效，永远领先于自己的对手一步。

零碎的时间看起来毫不起眼，但若是把这些时间集中起来，也是一笔宝贵的财富。一支高效行动的团队，绝对不会浪费掉零碎的时间，通过对这些时间的合理利用，这些团队能够完成更多的工作。

【团队力量】 想要打造一支高效的团队，就不能忽视掉零碎时间的重要性，看来也许并不重要的零碎时间，积少成多后就会成为一笔宝贵的财富。

12. 开好会议：打开团队高效之门

会议质量的好坏，对提升一个团队的高效工作有着重大的影响。

——团队格言

从一个公司团队开会质量的高低，往往能看出这个团队的工作是不是做得高效。如果会议准备得充分，对于各项工作都有明细的安排，那么这个团队工作起来也就轻车熟路。如果只是走过场的形式，会议气氛也死气沉沉，没人愿意发表意见，那么可以预见，这个团队一定不是什么高效率的团队。

那些优秀的公司团队在制订作战计划的时候，会开一个简短高效的会议，并落实出一个规范的会议纪要以备后查。那些优秀的公司团队的会议虽然简短，但却为行动解决了很多难题，因为会议上对角色分配、进攻方式都有了明确的安排，所以狼群能够快速地将自己的对手打垮。

【团队力量】 不要认为会议只是走过场的形式，每一个高效的团队都对会议无比地重视，因为这些团队都知道，能不能铸就一支高效的团队，全在于会议质量的高低。

13. 官僚机制是高效管理的大敌

官僚机制是团队工作效率低下的罪魁祸首。

——团队格言

官僚机构臃肿庞大，行政成本过高，效率自然低下。有这样一套腐朽的机制，想打造一支高效团队无异于天方夜谭。

在狼群中没有和人类一样的官僚机制，在这里头狼有着至高无上的地位，还有几只狼族精英作为辅佐。因为没有臃肿的管理结构，所以狼群的行动也就变得更加高效。每一次出击，狼群都能够用闪电般的速度去突袭猎物。

毋庸置疑，官僚机制是公司团队高效工作的大敌，想要打造出一支高效的公司团队，就需要精简管理结构，去除掉一些烦琐的管理条例。企业无论规模大小都要做到节约人力，才能让企业更好地把精力投入到业务范围中去。

【团队力量】 高效的公司团队不需要臃肿的官僚机构，取而代之的应该是一项简捷的管理方式，这种管理方式会让团队工作变得更加高效。

14. 高效管理的精髓就是管理员工情绪

喊口号并不单纯是形式主义。拥有高涨的情绪，才可能高效地行动，捕获到更多的机遇。

——团队格言

每个人都有情绪波动的时候，团队情绪高涨，才会拥有有无可匹敌的战斗力。一群意志消沉、萎靡不振的绵羊，不可能成为令人胆寒的杀手。成功团队之所以能够在战斗中所向披靡，在于它们始终具有高涨饱满的情绪。

打造一支高效的公司团队，需要注意的一点就是管理好员工的情绪。只有员工的情绪被管理好，他们才能主动自发地工作，在工作中投入更多的热情和动力。换句话说，现代高效管理的精髓，其实就在于管理好员工的个人情绪。

【团队力量】 若团队成员的情绪总是阴天，团队高效工作也就无从谈起；若员工的情绪是晴天，将是这个公司团队爆发出强大战斗力的基础。

15. 向高效人士学习

要想让自己变成高效人士，那就必须向高效人士学习。

——团队格言

被《时代周刊》评为“人类潜能的导师”的美国学界“思想巨匠”史蒂芬·柯维在《高效能人士的七个习惯》一书中写道：“在今天，个人和组织的高效能已经不再是可以讨价还价的选项，它是进入游戏场的入场券。但要想在这个全新的世界上生存下来、繁荣旺盛、有所创新、业绩出色并进入领先梯队，我们必须基于效能、超越效能。而这新时代的要求和心声就是卓越……”

公司团队要想提升自己的行动力，就必须要虚心地向那些高效人士学习，学习他们经营企业的方式、学习他们的工作方式——只有通过不断地学习，公司团队才有可能改进自己的不足之处，让自己的团队变成一支行动高效的创业之师。

【团队力量】 学习是一种可贵的本领，通过向高效人士的学习，会让团队成员变得更加高效。

16. 公正产生高效

一个公平公正的环境，激励着我们去为团队勇敢地战斗。

——团队格言

狼群中最骁勇善战的狼族精英，不仅在每次捕猎后都可以分到最多和最肥美的食物，在狼群中也有着崇高的地位。这种荣誉和物质上的好处，激励着狼群中的每一只狼更加积极地行动，为狼族的高效行动贡献自己的一份力量。

打造一个高效的公司团队，必须要以公正的态度去对待团队中的每个人，当团队拥有一个公平的环境时，每个团队成员的工作积极性才会被充分激发，从而在岗位上发挥出自己最大的潜力。

所以说，建设一个公平公正的环境，对于公司团队的发展有着十分重大的意义。

【团队力量】 企业需要一个高效的团队，有了高效的团队才能让企业发展得更加迅速，而要打造这样一支出色的团队，就必须重视公平，在团队中创造一个公平公正的环境。

17. 高效源自马上行动

我们没有时间犹豫，因为若不马上，猎物就会无影无踪。

——团队格言

每一个公司团队如果只想等条件都齐备了才开始行动，那很可能永远都不会开始。现实世界中没有完美的开始时间，我们就必须在问题出现的时候，第一时间做出反应，然后高效行动，将问题化解于无形。也许此刻，我们还少一个文件，那么我们不妨进行相关的周边测试，或者从另一个角度解决问题。总之，不要活在等待之中，公司团队的效率才会成倍地提高。

一个成功的公司团队，必须是一个高效的集体，在这个快节奏的社会里，我们的目标就是：快，再快一些！

【团队力量】 公司团队若想成功，就必须在别人没有想到的时候就想到，在别人没有做到的时候就马上付诸行动，这样才能够打造出高效的公司团队。

第10章

团队创新：拥有强大创新能力的团队让公司一直站在市场之巅

一位成功的商业人士说："双星能有今天就是敢于喜新厌旧，全方位地转变。今天是快鱼吃慢鱼的年代。今天不创新，明天就落伍；来日不立异，后天就淘汰。只有具备连续自主的创新才能，才是成长为快鱼的'杀手锏'"。

是什么力量让苹果公司起死回生成为当前全球市值第一的伟大公司？是什么力量让联想公司从中关村一家不起眼的小公司摇身一变成为享誉全球的IT公司？是什么力量让惠普、索尼、IBM、通用等公司成为商场上的"常青树"？不仅仅是资金与人才的力量，更大程度上缘于团队的创新能力，能够一直站在市场竞争链最顶端的企业，都拥有一支具有超强创新能力的公司团队，因为团队创新能力的强弱决定了公司的发展命脉——公司团队的创新能力有多强大，公司的发展命脉就有多强盛！

1. 创新力决定团队命运

一个好的想法，不仅可以转化成实实在在的利益，更能够决定团队的生死。

——团队格言

那些优秀的公司团队是最懂得创新的竞争体，他们总是把创新当作毕生的事业去完成，在残酷的市场环境中，拥有强烈的创新精神是让他们一直屹立不倒的主要原因之一。

公司团队若想取得成功，也需要懂得在变化中求发展，在创新中得实利——一个成功的公司团队，必须是懂得创新的集体，他们不会重复去走老路，不会拾人牙慧，更不会跟在别人的后面争取一些残羹剩饭。

公司团队是否能较快发展，往往取决于他们的创新能力。所以，提高公司团队的创新能力对于管理者而言，只能用四个字形容——“刻不容缓”。

【团队力量】　一味的模仿只会让人失去前进的动力，只有创新才是公司团队的真正发展之道。

2. 突破常规，勇于创新

创新如果不敢突破常规，就根本不可能得到成功之神的眷顾。

——团队格言

国际著名投资大师吉姆·罗杰斯在写给女儿的一封信中说到：“千万不

要让别人影响你。假如周遭的人都劝你不要做某件事，甚至嘲笑你根本不该想是否去做，你就可以把这件事当作可能成功的目标。这个道理非常重要，你一定要了解：与众人反向而行需要勇气。事实是，这个世界上从不曾有哪个人是只靠'服从常规'而获得成功的。"

同样，对于我们来说，要想让自己成为公司团队中最出色的一员，希望通过自己的努力让公司团队更上一层楼。那么，我们就应该向狼群学习，就应该铭记罗杰斯的话——只要我们不受常规思维的限制，敢于在工作中积极地去创新，不断地提升自己各方面的能力，就能够实现自己的目标和愿景。

【团队力量】 突破常规，勇于创新，就是应该坚持合理、科学地创新，并不是只要自己有胆量就能创新——切记，冒失突进并不等于勇敢创新。

3. 坚定信念，开拓创新

没有什么能阻挡我们创新的脚步——创新，就是优秀公司团队的信仰。

——团队格言

古语有云："成功之下，不可久居。"即使公司团队已经成功，也要不断开拓新的发展之路。那些成功的公司团队，绝不会躺在已获取的"战利品"上蒙头大睡，而是会以高瞻远瞩的远见和牢靠的经验，在生意正如日中天时，便洞察时机谋求新的发展。

当然，公司团队管理者在决定走新的发展之路的时候，一定会面对各种各样的困难。有时候，一些所谓的成功人士、专家学者都会质疑我们所选择的道路，连最亲近的家人和朋友也会给我们泼冷水。而在这个时候，我们就必须勇敢地坚持己见，只要我们能用自己的实际行动取得成功，证明自己是正确的，反对声自然就会烟消云散了。

【团队力量】 创新肯定会遇到阻力，公司团队不应因为有阻力就放弃走自己的创新之路——坚定信念，不断创新，是成为伟大的公司团队的起点。

4. 创新力：炼就卓越的思维力

如果世界失去创新力，这个世界就马上会走向灭亡。

——团队格言

优秀的公司团队从来不会让创新的脚步停下来，因为他们清楚地知道——创新就是团队的活力之源，团队一旦失去了创新力，只能被赶出市场。

加拿大管理学家亨利·明茨伯格说："管理的一个重要核心思想就是激发创新力，要让每一个人都懂得创新对于自己和公司的重要性，那些被旧思维束缚的人，根本不可能创新出新秩序、新事物，为自己和公司带来新的机遇。"

随着现代管理学的日益发展和普及，越来越多的公司团队都认识到了，提升团队创新力对于企业有着多么重要的意义和影响。但是，他们中的很多人却也仅仅是意识到了而已，根本就没有想着如何积极地去提升团队的创新力。因为在他们看来，有一个创新的老板就会有一个创新的公司团队。

很明显，这种想法是非常错误的——拥有很强创新力的老板手下有了一群懂得创新的员工，才能够打造出一个拥有很强创新力的公司团队。

所以，对于每一位公司团队管理者而言，在提升自己的创新能力之时，也更应该积极地培养团队成员的创新能力。

【团队力量】 创新力不是一天两天就能够打磨出来的，而是需要整个团队上下一心，在长期的实践中提升的。所以，在提升团队的创新能力

时，一定要在团结的基础上去坚持，并选用科学的方法去提升。

5. 团队创新，要有耐性

创新就是一个从无形到有形的过程，只有耐得住性子的团队才能够摘取创新的桂冠。

——团队格言

为什么在竞争激烈的市场中打拼也需要耐性？这是因为，人在成功的道路上，最忌讳的就是浮躁妄动。这只能让自己看不清环境的改变，从而错失机遇。所以，只有沉着冷静、以“以逸待劳”之心捕捉最佳机遇，才能达到事半功倍的效果。

因此，当公司团队有了一个新的想法时，不妨先冷静下来，仔细打磨，等到想法成熟时，再去积极地实施。

创新，这本身就是一个从无形到有形的过程，更是一个从一文不名走向成功的过程——只有那些有耐性能抓住时机的人，才能够获得创新的硕果。

【团队力量】 公司团队在创新的时候一定要有耐性，不管新想法实施的难度有多大，也都应该耐心地等到时机成熟，然后再去付诸实施。

6. 没有创新力，团队就没有威力

创新力就是竞争力，当团队失去了创新力的时候，团队就没有了威力。

——团队格言

创新对于任何一个优秀的公司团队而言，就是一种蜕变，是一种“浴火重生”。因为，他们总是能够在创新中提升竞争力，用不断提升的创新力增强团队的威力！

对于任何一个公司团队而言，只有努力地去提升自己的创新力，才能够增强企业在市场上的影响力。因此，这对于每一个公司团队而言，不管是团队领导还是普通成员，都应该去提升自己的创新意识，积极地向那些创新型公司团队学习，在创新中蜕变，甚至“浴火重生”，从而打造出一个在市场上很有竞争力的公司团队。

【团队力量】 用创新力保持公司团队在市场上的威力，就是应该积极地去借鉴学习，同时以科学合理的方法激发自身潜能，从而让公司团队的创新力大大提升。

7. 创新让团队永葆青春活力

我有弱点，但是在看到弱点的那一刻，弱点已经不存在了。

——团队格言

“与其被淘汰，不如自我更新。”这是新加坡著名商人，同时又是著名文化人周颖南的一句名言。这句话，其实在中国自古就有之。曾子曰：“吾日三省吾身。为人谋而不忠乎？与朋友交而不信乎？传而不习乎？”说的正是这个意思。

即使现在，这句话同样充满效力。因为，越来越多的公司团队开始重视从改变自身劣势开始，不断地提升公司团队的创新力。

创新，对于公司团队而言，也是一种自我检视，是一种让公司团队走出竞争迷局的好方法。如果能够通过自省不断做出新的改变，在改变中不断地提升公司团队的核心竞争力，那么用不了多久，公司团队就能拥有狼一般锋利的牙齿，在事业之路上无往不胜。

【团队力量】 公司团队应该懂得在创新的过程中发现自己的不足，让自己日渐强大——只要公司团队的缺点都被改正，通过创新让缺点变成优点，那么就能够让公司团队永葆青春活力。

8. 在冲突中不断创新

竞争的最大意义，是让我们明白，哪种创新才是自己所需要的。

——团队格言

那些优秀的公司团队有时也会产生“内斗”，这种情况在面对新问题时最容易出现。然而，内斗并未损耗其实际力量，反而让他们有了更出色的适应能力——冲突是因为意见的不统一，而大量的不同意见就是创新的“温床”。

因此，一个成功的公司团队也应如此，要做到“和而不同”。

实际上，那些一团和气、没有人愿意提出自己意见、缺乏创新精神的公司团队，永远难以在最短的时间内找到最好的方法——他们的创新总是缺乏时效性，错过了让好想法变成行动与产品的好机会。

所以，公司团队应该明白一件事情：任何人都不要保留自己的想法，勇敢地说出来，不要怕得罪人——只有把不同的意见说出来，才能博采众长，提高创新的效力。

【团队力量】 打造公司团队时，千万不能将团队成员都培养成“羊”——毫无主见，毫无攻击性，人云亦云。应该刻意营造团队内的良性冲突，在冲突中不断地创新。

9. 目光如炬，拥有一双创新的眼睛

拥有了一双创新的眼睛，你会发现这个世界永远没有极限。

——团队格言

拥有一双创新的眼睛，这是无数个公司团队管理者的梦想。因为，一双创新的眼睛能够为公司团队寻找到新的增长点和新的发展机遇，从而让公司团队步入新的发展阶段。

爱因斯坦曾说：“提出一个问题往往比解决一个问题更重要。因为解决问题也许仅是一个数学上或实验上的技能而已，而提出新的问题，却需要有创造性的想象力，而且这也标志着科学的真正进步。”

实际上，诚如爱因斯坦所言，任何一个公司团队管理者，要想拥有一双创新的眼睛，那就必须先让自己拥有创造性的想象力——只要我们的想象力富有创造性，那么我们就会比别人看得更远，就能够自己创造机会，最终用一双创新的眼睛去服务于公司团队，打造出一个拥有很强创新力的公司团队。

【团队力量】 拥有一双创新的眼睛，就是要求我们在日常工作中多观察，及时找到创新的点，从而让公司团队在创新之路上越走越强大、越走越辉煌。

10. 营造创新的团队氛围

对于管理者而言，集合所有成员的创新智慧，比独自思考更有效率。

——团队格言

一只蚂蚁的力量相当有限，有时甚至连一片小树叶都无法逾越，但是蚁群的力量却可以让大象退避三舍。

公司团队也如同蚁群，个人力量虽小，但是将所有人力量集中到一起，就是一股创新的思维风暴。所以，管理者一定要善于在公司团队内部营造一种创新的团队氛围，这比我们一个人孤军奋战要有效得多——一个公司团队，若是人人创新、事事创新，那么绝对能迸发出可怕的力量。

此外，在营造充满创新精神的团队氛围之时，公司团队管理者一定要表现得有素养，千万不要对公司团队的成员说“我走的桥比你走过的路还多呢！我吃过的盐比你吃过的饭还多呢”这类的话，因为这些话会打消成员创新的念头。久而久之，公司团队会变得毫无创新能力，因为团队成员待在这里只能一辈子吃别人嚼过的馒头，在事业上永远不可能有大的突破。所以，他们不但不会创新，还会选择离开。

【团队力量】 管理者应该尽量营造一种创新的公司团队氛围，在充分发挥集体力量的同时，大大地提升公司团队的创新力。

11. 非同凡“想”：做一个有创新精神的好员工

要想在团队中脱颖而出，就必须做一个有强烈创新精神的好员工。

——团队格言

如果公司团队中的每一名员工都不想着去创新，都认为创新是管理者的事情，那么这样的公司团队会长久地发展下去吗？

肯定不能。

同样，我们作为公司团队成员，就应该积极地去为领导分担压力，和领导一起去创新——做负责任的公司团队成员，将团队创新的重担勇敢地承担起来，这是我们必须挑起的重担。

那么，该怎么做才能够挑起创新的重担，做一个有创新精神的公司团队成员呢?

(1) 不要总是盲从他人，更不能人云亦云，要时刻相信自己的想法是最有创意的想法。

(2) 凡事多自己拿主意。

(3) 养成多角度观察和评价事物的好习惯，在观察和评价中锻炼出创新能力。

(4) 珍惜每一次灵感。灵感就是创新的机会，一个好的灵感往往能够带来巨大的收益。所以，我们应该注意将灵感记录下来，不要太过于相信自己的记忆力，有时候很多好的灵感过段时间就从记忆中消失了。

(5) 将创新想法付诸行动。只有这样，我们才能够实现创新的价值，才能够挑起创新的重担，做一个有创新精神的公司团队成员。

【团队力量】 只有当每一个团队成员都意识到，“我必须做一个有创新精神的公司团队成员”之时，公司团队才会成为市场上最富有创造力的竞争体。

12. 创新并不是复杂化

把复杂的问题简单化，就是一种伟大的创新。

——团队格言

简单不代表着浅薄，复杂不代表着高深。

那些优秀的公司团队给人留下的最深的印象就是：简单、有创造力。

可以说，正是因为行动上的简单让他们保持了足够的创新力，使得他们在商场上非常从容，又在从容中不断创新，从而在最短时间内以最小的代价赢得市场份额。

事实上，很多的人在工作中，总是认为创新就是一个复杂的、寻找新方法的过程。正是因为他们这一概念理解上的错误，导致他们根本不会创新，最终成为公司团队中的“落后分子”。

其实，创新就是找到更简单的、更快的办法去解决问题。因此，越创新越复杂明显是背离了创新的本质意图。所以，我们在工作中就应该积极地去寻找一些简单的方式去解决问题。换句话说，只要我们解决问题的方法简单快捷，我们就是出色的创新型团队成员。

【团队力量】 把复杂问题简单化，就是一种创新。但是，这种创新必须以结果为检验标准，如果简单却使得结果受损，这就不是简单化，而是简略，因此效率也会大打折扣。

13. 创新一定不能很昂贵

创新只讲求价值越高越好，而不讲求代价越高越好。

——团队格言

那些优秀的公司团队从来不做亏本的买卖——代价昂贵的创新都是亏本的买卖，这样的创新还不如不创新。

我们经常可以看到这样一些现象：一个公司团队花费了很多的人力物力去创新某一个项目，结果是项目做完之后却发现后期根本无法投入使用，因为根本承受不起创新的代价。

创新一定不能很昂贵，更不能代价远远高于成果。从需求出发，并以其作为创新的依据。

所以，作为一名公司团队管理者，在增强公司团队的创新力之时，一定要积极地向团队成员们灌输“创新成本意识”——每一次创新都要看成本，如果成本过高那么创新就毫无意义，这样的创新就应该坚决放弃。

【团队力量】 过于昂贵的创新对于任何一个公司团队都是不好的选择，因为创新的目的就是为了创造出更多的利润，而不是为了创新而创新。

14. 创新并不是多多益善

创新并不是想法越多越好，而是想法越精越好。

——团队格言

那些优秀且善于创新的团队——在他们看来，一千万个好主意也比不上一个最好的主意。

但是，很多的公司团队管理者却错误地认为，创新就是多多益善——想法就应该越多越好，想法多了公司团队创新力就更强。

实际上，这种只看数量不管质量的做法，严重地危害了公司团队的发展，会使公司团队的创新能力大大下降。因为，这些公司团队管理者总是重视那些经常有想法的团队成员，而不重视那些经常没有想法、一旦有想法就是好想法的团队成员。

所以，对于这些公司团队管理者来说，就应该建立一个好的创新考核机制，以创新绩效来考察团队成员，这样才能够有效地激发团队成员的创新意愿，使得公司团队的创新力获得更高的提升。

【团队力量】 创新讲求的是质量而不是数量，一个公司团队只有保持每一个创意都是高质量的，这个公司团队才是最具有创新力的公司团队。

15. 做独一无二的团队

市场上只有一种胜利者永远无法被超越，那就是具有独特竞争力的公司。

——团队格言

俗话说得好，“一招鲜吃遍天”。而狼群，就是一个很有特色的团队，它们用自己独特的方式击败任何对手，成为了这个世界上最独一无二的胜利团队。

随着时代的进步，社会的发展，在改革开放三十多年后的今天，越来越多中国公司团队开始明白这样一个道理：当粗放式发展的年代已经结束，精细化发展的年代到来之际，市场对于企业的要求也越来越苛刻，所以只有极具特色的独一无二的公司团队才能够适应市场需求，成为这个市场上的王者。

所以，这就要求越来越多的企业在组建公司团队时，一定要突出团队的特色，培养有个性又有战斗力的团队，才能够让企业获得更好的发展。

【团队力量】 在当前市场形势下，只有极具特色的公司团队才能够打造出有特色的企业，而有特色的企业才能够成为竞争日益激烈的市场中的冠军企业。

公司靠团队打天下
企业靠凝聚定江山

第11章

团队生存：抱团前行的公司团队让企业走出行业的寒冬

当冰雪将山岩的缝隙封死，当寒风让田野变得毫无生气，在整个世界都被寒冬笼罩的时候，我们却依旧生活在温暖的蚁巢中，我们借助彼此的体温抵御着冬日的寒冷，不管地面上的世界是千里冰封还是万里雪飘，我们以抱团而生的方式等待着春天的来临。

生命在磨砺中坚强，灵魂在洗礼中升华。冬天给我们带来了黑暗与寒冷的双重煎熬，但是我们却没有选择放弃生命丢弃灵魂，而是选择以无所畏惧的姿态面对这段煎熬的日子。因为我们在温暖的春天里、热情的夏天里、凉爽的秋日里辛勤地劳作，大家一起努力一起奋斗为度过寒冬攒够了粮食——抱团奋斗，抱团取暖，这就是蚁群抗击寒冬的绝招。

1. 再冷的冬天也奈何不了我们

我们从来无惧于冬天的寒冷，因为抱团过冬是优秀团队的一个重要生存法则。

——团队信念

当公司团队在遭遇市场寒冬之际，所有成员最应该做的就是抱团取暖，以互助协作、积聚力量的形式，共同度过最困难的市场寒冬季节。

那么，在遭遇市场寒冬之际，公司团队成员如何做才能紧抱成团呢?

(1) 大家必须相互补台才能“好戏连台”，如果相互拆台，那就可能要一起垮台，最终让公司团队在寒冬中凋零。

(2) 抱团取暖就是要相信自己相信其他人，而不是心存疑忌，只有彼此信任才能让大家团结一致，认真地去面对困难与挑战。

【团队之道】 市场寒冬的降临并不可怕，可怕的是公司团队缺少抱团取暖的精神。如果不抱团取暖，那么可能很难挨过市场寒冬。

2. 贪婪的团队熬不过市场的冬天

贪婪就如同一剂无色无味的毒药，会让公司团队走向魔鬼控制的地狱。

——团队信念

日本传奇企业家稻盛和夫说过：“贪婪会使一个企业由盛转衰甚至失败。贪婪会导致理性的丧失，它是趋弱的先兆，是危险的预警。人要时刻保持清醒的头脑，静观花开花落，笑看云卷云舒。摒弃不该有的欲望，心就能明如镜，照得见自己也照得见他人。人活着，仅有聪明是不够的，还需要善于理性思考，用理智驾驭自己的欲望，明辨是非，认清潜在的危险，不贪非分之利，否则最简单的问题也会变得复杂。”

实际上，贪婪是世界上最愚蠢的行为，贪婪的人往往都死于贪婪。毫无疑问，那些优秀的公司团队成员都深刻地明白：在团队中贪婪就是损害战友的利益，损害战友的利益就是损害团队的利益，而团队利益受损最终的承担者只能是自己，因为团队在寒冬中倒下的时候，也是自己成为一名不折不扣的失败者的时候。

所以，每一名公司团队管理者都应该明白：要让每一名公司团队成员明白，在团队中保持贪婪的劣性就是一种危害团队的行为，最终的结果无非就是公司团队走向覆灭，自己也会成为一个失业的人——只有多一些奉献精神，少一些贪婪，才能获得“双赢”的结果，成功地挺过市场的寒冬。

【团队之道】 危机往往隐匿在贪婪之中，只有消除贪婪的劣性，时刻为团队的发展着想的公司团队成员，才能够成为企业最需要的人。

3. 沉住气才能成大器

只有在寒冬中沉住气的创业团队，才有希望迎接春天的到来。

——团队信念

那些优秀的公司团队管理者在遭遇困难的时候总是能沉着应对，并不会有丝毫惊慌。在以自己的方式传递信息之后，就会有条不紊地调兵遣将，抱团合作，共同作战，尽最大可能地避免失败。

在遭遇行业的寒冬时，单打独斗、自乱阵脚、急功近利是冒险的行为，只有分析形势，沉着冷静对面对，协同合作，发挥公司团队的力量，才能帮助企业渡过困境，走出重围。而沉着、冷静也是对一个团队领导者的最基本的要求，在出现意外的状况时能够当机立断，快速地对问题进行思考、分析、判断，随机应变，及时地采取一系列的有效措施，确保团队稳定、高效、健康地发展下去。

【团队之道】 任何公司团队都会在发展的过程中遭遇意外的困难，而这个时候就需要团队管理者充分发挥出冷静沉着的精神，心平气和地进行控制和指挥，激励团队成员战胜困难的决心，众志成城，充分发挥出公司团队团结作战的强大力量。

4. 困难面前更要紧紧相拥

如果在困难面前选择各自为战，困难就会像一座大山一样难以撼动。

——团队信念

讲求团队合作是蚂蚁总能够战胜困难的主要原因，越是在困难面前，蚁群越是紧紧相拥，团结一致，最后冲破重重的阻拦，获得新生。每当一只小蚂蚁在野外遇到了比自己强大很多倍的虫子时，所有的蚂蚁都会倾巢而出，紧紧地围在一起，毫不示弱地向虫子扑过去，撕咬着虫子的躯体，不顾自己的生死，一直到把虫子制服为止。

蚂蚁在遇到困难时这种齐心协力的胆魄和勇气使得它们更容易战胜强大的对手，这也是蚁群赖以生存和繁衍的根本。如果弱小的蚂蚁像自然界的某些强大的动物一样离群索居，那么它们的力量将是微不足道的，而只有依靠团队的力量，凭借着整体作战，才能够最终产生巨大的威力。

在困难面前，个人的力量是有限的，在企业中要想获得成功，就应该学会与人合作，而不是单打独斗，只有把自己融入团队，才能够克服一个个阻碍和困难，取得更大的成功。

【团队之道】 在团队中个人的复杂性和差异性是普遍存在的，在团队管理上要想达到团队在困难面前团结互助，就需要培养团队的“一损俱损，一荣俱荣”的共同奋斗理念，使团队成员明白团队就是一切，彼此之间保持有效沟通，进而消除隔阂，增进情谊，在困难来临之时紧紧相拥。

5. 唯有低头，才能出头

只有在困难中选择低调谦虚、认真去做的创业团队，才有可能顺利走出困境。

——团队信念

大多数优秀的公司团队成员懂得在适当的时候选择“低头”，因为他们明白——只有低头，才能出头。

美国石油巨子保罗·盖蒂曾经说过：“我宁要一百个人的1%，不要自己的100%。”

在企业中，一个优秀的团队成员应该明白这样的道理：一个谦虚、谨慎、低调的公司团队成员在团队中出头是必然的。带着强烈的个性进入一个团队，就会在很大程度上和其他成员格格不入，甚至在明里暗里遭到来自各方面的打击。高调强势的团队成员在团队中的生存空间非常有限，个人也得不到很好的发展。在企业的组织框架内，团队成员之间存在着一种相互依存的关系，如果总是事事为自己着想，好大喜功，就很难得到其他团队成员的帮助和认可。因此，学会保持低调，可以减少融入团队的压力，有助于团队和谐发展。

【团队之道】 相互扶持，相互顺从，保持低调和步调的一致，才是一个公司团队和谐发展的基础。而越是急着奔跑，就越容易摔倒。懂得低头的人才会有出头的机会，同样，懂得适当低头、理智退让的公司团队才会得到更好的机会，从而获得意想不到的收获。

6. 100%的成功源于1%的坚持

只有坚持到最后一秒，才有可能会看见胜利女神的笑容。

——团队信念

蚂蚁在觅食的过程中，总会遇到许多想象不到的艰难和困阻。当一条河流挡在了蚂蚁的面前时，蚂蚁常常采取的方法是在别人看来最“愚蠢”的方法，就是一直沿着河边走，直到找到能过河的桥为止。在蚂蚁的意识里，如果调头回去就等于放弃了生存下去的可能，因此为了成功寻觅到食物，蚂蚁选择了一直坚持，哪怕有一丝可能。坚持是蚂蚁的生存哲学之一，因为蚂蚁深深懂得，往往在坚持的最后一刻，成功就来临了，而如果选择了放弃，将前功尽弃。

很多时候，100%的成功正是源自于最后那1%的坚持。想要成功度过市场寒冬的公司团队，都应该像蚂蚁那样坚持下去，才能够有机会获得最后的成功。在公司团队中，不论从事什么样的工作，拥有什么样的职位，一旦放弃就等于失去了成功的机会。而只有坚持不放弃，才可能拥有成功的机会。一些团队在完成一项任务时，往往在做了90%的工作后，却放弃了最后能让其成功的那10%，这样不但会输掉一开始的投资和努力，也彻底失去了成功的机会。

【团队之道】 在不断遭遇失败的情况下，公司团队需要摆正心态，审时度势，调整步伐，拥有一种坚持不懈、锲而不舍的精神，一旦认准目标就要坚持做下去，成功就在最后1%的坚持里。

7. 在夹缝中生存，在淡定中寻机会

要想在理想与现实的夹缝中苦苦生存，就必须拥有淡定的心态。

——团队信念

作为一名公司团队成员，我们在工作时就必须拥有淡定的心态。因为，淡定的心态能够让我们在工作中更从容，会无比热爱自己的工作，珍惜自己的工作机会，绝不会在遭遇困难的时候怨天尤人，也不会因为公司团队发展变慢而轻易离开。

那么，当我们所在的公司团队遭遇市场寒冬之际，具体该怎么做才会让自己淡定下来？

（1）不要被当前的市场趋势给吓住，要相信自己，相信公司团队，只要大家一起努力就会有很大可能挺过当前的困难时期。

（2）我们不可能改变市场趋势，但是我们可以通过改变自己的心态、提升自己的能力，让公司团队变得更好，从而顺利熬过市场的冬天。

【团队之道】 拥有淡定的心态会让我们努力地去工作，不会欺上瞒下看领导的眼色做事，也不会投机钻营，绞尽脑汁、不择手段地去捞取名利。我们爱岗敬业，在工作中寻找快乐，在劳动中获取幸福，在淡定中帮助公司团队度过市场寒冬。

8. 忍受是一种素质，抱团是一种力量

只有能忍受住困难煎熬的公司团队，才会在困难面前紧抱成团。

——团队信念

著名实业家、爱国华侨陈嘉庚曾经说过："只有你能够忍受别人所不能忍受的苦，才会获得比人所不能比拟的成就。"

在市场越来越糟糕的时候，任何一个人都必须向那些优秀的公司团队成员学习——在工作越来越困难的时候会选择继续忍受压力，绝不会逃避压力；当收入下降的时候会选择与企业同甘共苦，不会抛下企业"另谋高就"。

所以我们应该相信，只要我们能够在市场寒冬中忍受住煎熬，就能够帮助自己的公司团队冲破寒冬，迎来新的发展机遇。

【团队之道】 忍受是一种素质，抱团是一种力量，关键就是要每一个公司团队成员都有较好的自我约束力——只有懂得自我约束的人，才能忍受困难，体会到团队力量的伟大。

9. 选对目标才能冲出重围

如果在困境中迷失了方向选错了奋斗目标，就可能马上面临全军覆灭的危险。

——团队信念

蚂蚁在进入冬眠时期时，它们的心中就只有一个目标——不要在寒冬中死去，坚强地活下去才会再次回到地面上。可以说，蚂蚁这一目标是非常正确的，所以蚁群总是能够熬过寒冬。因此，我们从蚂蚁身上得出这样一个结论，在寒冬来临之时只有选对目标才会等来春天的脚步。

对于一个公司团队来说，当遭遇到发展困境时，每一个成员的行动都不能是盲目的，而是应该听从领导的指挥，而公司团队管理者更应该根据市场情况进行深刻地分析，制订出合理的战略发展规划，为公司团队的发展设定一个对的目标，才能够让公司团队走出市场寒冬，快速地发展起来。

【团队之道】 公司团队在困境中找到对的目标，关键就在于立足自身，从实际情况出发，不要总是盯着别人怎么走——每一个人团队在遭遇市场寒冬之时，所受到的冲击程度都是不一样的，所以跟着别人走的结果，很可能是别人没有倒下而自己却倒下了。

10. 强烈的危机意识增强团队抗压能力

危机带给公司团队的不仅仅是压力，更多的是前进的动力。

——团队信念

华为技术有限公司总裁任正非强调："每个企业的冬天并不遥远，只有不断激发自己才能真正摆脱，保持强烈的竞争和危机意识，企业才能不断进步。"

危机犹如一座随时会倒下来的大山，它给那些优秀的公司团队带来了很大的生存压力，但是他们却从来都不害怕危机，因为危机给其带来的不仅仅是压力，更多的是一种奋勇向前的竞争动力。

当市场的寒冬突然来临时，每一支想在市场上创造辉煌业绩的公司团队，都必须马上像蚁群一样正视危机——时刻保持强烈的危机感，在危机中感受到发展的压力，并且以积极的心态和先进的管理手段让这种压力转化为前进的动力，最终让公司团队像蚁群一样在市场上奋勇向前，创造出骄人的业绩。

所以，对于每一位梦想做大做强的公司团队管理者来说，让每一位团队成员保持强烈的危机意识，就是增强团队竞争力的有效途径之一。

【团队之道】 不要总是寄希望于团队成员会自我激励，会严格地要求自己去为公司团队贡献自己的力量，有时候给他们一点儿压力总是会收到意想不到的效果——让他们多感受到一些危机下的压力，他们就会多干出一份成绩。

11. 困难之际更要有强者心态

如果公司团队在困境中缺乏强者心态，那很可能就会像臭虫一样死去。

——团队信念

困难之际要有强者心态，这也是任何一个公司团队挨过市场寒冬的关键因素之一。

当看着很多的同行在市场寒冬中倒下的时候，很多的公司团队在压力倍增之际也开始变得畏畏缩缩，不敢创新、不敢推广新产品、不敢招募新人，总是想着熬过眼前这段时间再说。

很明显，这样的做法很难让自己熬过市场寒冬，因为只有弱者才会在困难之际选择以这种方式去生存。所以，公司团队在遭遇市场寒冬之际，就应该有着强者心态，敢于出击、敢于主动求变、敢于放手一搏，如此才有可能冲破困境，迎来市场的春天。

【团队之道】 在市场寒冬中，必须拥有强者心态，尤其对于公司团队管理者而言，不论管人还是做事，都应该让自己像敢打硬仗的将军一样有气势，才会让公司团队拥有强大的市场竞争力。

12. 经营强项，找到蚁群生存的爆发点

如果我们在困境中还不注重发挥自己的长处，那么除非有上帝的庇护，否则我们肯定无法走出困境。

——团队信念

“日本第一财阀”三菱集团的创始人岩崎弥太郎说：“经营之道就是懂得经营自己企业的长处，只要你最大的长处一直不被别人超越，那么你就会牢牢地把握住竞争的主动权。”

在困境中懂得发挥自己的强项，用自己最擅长的方式去解除困境，这是优秀公司团队突破困境的有效方法之一。

当公司团队处在市场寒冬的时候，就应该继续经营自己的强项，而不是在恐惧不安中阵脚大乱，放弃自己所熟悉的，转而去尝试自己所不熟悉的，希望尝试新的项目能为企业带来新的生机。往往却是，因为新项目都是自己之前未曾接触过的，其中蕴含着很多的风险，一不小心就引发了新的危机，使得公司团队以更快的速度在市场寒冬中倒下。

【团队之道】 对于每一个公司团队而言，在经历市场的寒冬时，最应该做的就是坚持经营自己的强项，不要轻易地去尝试新项目、新方式，因为在危机中轻易改变之前的做法，往往是病急乱投医的表现。

13. 抱团过冬需要一个好心态

如果在危机来临时，大家都无法保持平稳的好心态，那么肯定无法击败危机。

——团队信念

那些优秀的公司团队成员在工作中遇到困难之时，他们绝对不会乱发脾气，以不良心态去面对困难。因为，只有拥有良好心态的工作者，才能够击败困难走向成功。

天下没有翻不过去的山，世上也没有蹚不过去的河。作为一名公司团队成员，当企业遭遇市场的寒冬时，最应该做的就是调整自己的心态，别让不良心态毁了自己也毁了公司团队。

那么，当危机与困难降临的时候，公司团队成员们该怎么做才能够保持良好的心态?

(1) 学会给自己减压，拒绝听一些小道消息，始终坚信自己的团队能够渡过危机击败困难。

(2) 多和其他团队成员沟通，大家互相鼓励，共同鞭策，就能够让整个团队的心态不受太大影响。

【团队之道】 危机不值得恐惧，困难不值得退缩，只要我们拥有一个良好的心态，就会冷静理性地去处理问题，从而在自己不受其影响的同时，也让整个公司团队变得冷静和理性，最终从容地面对危机和困难。

14. 危机总是发生在团队内讧之时

内讧就是团队的克星，消除内讧永远是团队保持稳定的一项重要工作。

——团队信念

内讧，这对于任何一个团队来说都是一个可怕的字眼，内讧往往是团队土崩瓦解的根本原因——当一个团队发生内讧之时，就是危机来临之时，因为内讧发生之时即是团队防御力最弱的时候。

在一个公司团队中，因为每一个团队成员在素质、个性等方面都有差异，再加上分工和职责的不同所造成的差异，导致团队成员之间不可避免地存在着纷争，而纷争正是产生团队内讧的根本原因。所以，公司团队管理者要想打造一支富有凝聚力的团队，就应该减少团队成员的纷争，从而有效地消除团队内讧，避免给团队带来危机。只有从根本上解决问题，才能够让公司团队一直保持强大的竞争力。

那么，公司团队管理者该怎么做才能够减少成员之间的纷争，消除团队内讧呢?

(1) 了解团队成员之间的纷争是因为什么而引发的，找到了纷争的根源之后再去解决问题，才能够快速高效地解决问题。

(2) 须在日常管理中加强成员之间的沟通，尽可能地减少团队矛盾，从而防止内讧发生，减少危机发生的概率。

(3) 提高团队成员的职业素养，提升团队凝聚力，从而消除团队的内讧。

【团队之道】 要想打造一支坚不可摧的公司团队，顺利渡过市场的寒冬，就必须保持团队稳定，让团队成员懂得谦让，懂得为团队付出就是为自己付出的道理，让团队成员之间多一份关爱少一份摩擦，从而消除内讧减少危机发生的概率。

15. 团结是消除危机的利刃

不管我们面对多么大的危机，我们都能克服，因为只要团结就没有打不破的危机。

——团队信念

苏联大作家奥斯特洛夫斯基说过："共同的事业，共同的斗争，可以使人们产生忍受一切的力量。"——不论我们面对着多么深重的危机，只要大家都能够共同面对并肩向前，那么公司团队永远不会在危机中覆灭。

很多的公司团队在成长发展之时显得非常有凝聚力，但是一旦遭遇行业危机就会马上变得军心涣散，显出一副毫无生机的样子。实际上，这样的公司团队之所以会在危机面前表现得如此不堪一击，最根本的原因就是每一个人都惧怕危机，害怕自己的利益在危机中受损，只能与团队"同甘"，却不能"共苦"——缺少强烈的抱团精神，最终让公司团队在危机中倒下。所以说，那些希望自己的公司团队能够顺利渡过每一次危机的公司团队管理者，就应该让每一个团队成员都具有强烈的抱团精神，在团结中将危机消弭于无形。

【团队之道】 团结是消灭危机的利刃，团结是公司团队基业常青的基石，只要所有人都能够在危机面前团结起来，公司团队就没有迈不过去的坎！

16. 把危机当作契机

机遇往往披着风险的外衣，只要剔除风险就会让危机变成机遇。

——团队信念

能够在危机面前选择迎难而上，善于剔除危机中的风险把握住机遇，这也是优秀公司团队取得成功的一个重要原因。

对于任何一个公司团队而言，当市场开始萎缩，产品销量急剧下滑时，千万不要害怕退缩，而是应该勇敢地去面对危机——当危机降临的时候，不管我们害怕与否，它都会已经开始影响我们的正常工作和企业生存状况，如果我们在这个时候只有惊慌失措而不懂得认真勇敢地去面对危机，那么危机带给我们的只能是失败。

【团队之道】 当公司团队遭遇市场的寒冬时，我们应该认真勇敢地去面对危机、剖析危机，寻找到自己在危机中能够抓住的机遇，化危机为契机，就能够渡过困难，走向辉煌的明天。

第12章

团队危机：拥有强烈风险意识的公司团队才会永葆活力

腾讯公司创始人马化腾说："成功源自谨慎，危机感如影随形。"

不懂得掌控危机的公司团队管理者绝对不会成为一名出色的团队领导，不懂得掌控危机的公司团队成员绝对不会成为一名优秀的好员工。在公司团队的建设发展过程中，危机一直像鬼魅一样悄悄随行，很多缺乏风险意识的公司团队往往都以"猝死"的方式倒下，因此每一名公司团队管理者必须牢记：不但要让自己成为一名时刻注意规避风险的好领导，还应该让自己的下属们都成为时刻注意规避风险的好员工——拥有强烈风险意识的公司团队才会永葆活力。

1. 危机意识越强，团队向心力越大

我们从来都不敢放松对于危机的警惕，因为只有时刻保持强烈危机感的团队，才能够在危机中变得更加强大。

——团队信念

AEC 集团总经理王蜀说：“我认为事业上的机遇和困难对于男性和女性是平等的，但我认为处于现在这样一个竞争激烈的环境中，一个有竞争力的团队的领头人必须具备不断学习与进取的精神，随时保持强烈的危机意识。”

作为公司团队的管理者，就必须尽自己最大的努力让团队保持强烈的危机意识，因为我们必须明白——生命犹如夏花，如果没有秋天随时会降临的危机意识，那么灿烂就不会那么耀眼，危机感就是团队不断产生强烈进取心的源泉，是团队不会安于现状、团结努力的重要原因。

在公司团队发展的过程当中，危机总是像杀手一样悄无声息地潜伏着，一旦不慎就会马上遭遇危机的侵扰。所以，对于任何一个公司团队而言，只要保持强烈的危机意识就会让成员们更加团结——危机感就是公司团队发展的基石，危机意识越强，公司团队的向心力就越大。

【团队之道】 公司团队只要做到“平时如战时、战时如平时”，时刻保持强烈的危机意识，就能够让整个公司团队在团结奋进中稳健发展。

2. 坚韧的领导能让团队成员在危机中拧成一股绳

那些优秀的公司团队之所以永远是危机的征服者，就是因为他们拥有一

个非常坚韧的团队管理者。

——团队信念

著名哲学家伯特兰·罗素曾经说过：“伟大的事业根源于坚韧不拔地工作，以全副精神从事，不避艰苦。”

物竞天择，适者生存，这是亘古不变的生存法则。在激烈的市场竞争中，真正站在市场竞争链最顶端的团队，肯定是能够忍受危机的侵害，在危机中坚韧不拔的团队——那些优秀的公司团队之所以能够成为真正的“王者之师”，就是因为他们有着坚韧的毅力，敢于在任何危机中奋力拼搏。但是，归根结底，那些优秀的公司团队之所以拥有非常坚韧团结的品性，就是因为他们有着一个非常坚韧的团队管理者。

正因如此，对于一个公司团队管理者而言，要想打造出一个坚韧团结的公司团队，就必须让自己非常坚韧。

那么，公司团队管理者该怎么做，才会让自己变得更加坚韧呢？

（1）不屈服于命运，不屈服于对手，做一个掌控一切的管理者。只有当公司团队管理者不屈服于一切的时候，他才会变得坚韧不拔，进而影响整个团队。

（2）勇于承担压力，敢于在危机中挑起一切重担。只有当公司团队管理者在危机中继续迈着大步向前之时，其他人才会有克服危机的信心，整个公司团队才会变得坚韧团结。

（3）发挥“传、帮、带、教”的作用，像一个老员工一样去关怀其他人，抚慰其他人，就能够让大家在危机之中变得坚韧团结起来。

【团队之道】　世界著名学者塞缪尔·约翰逊曾经说过：“成大事不在于力量的大小，而在于能坚持多久。”同样，一个公司团队能经历多少次危机有多长的生命根基，关键就在于其的坚韧程度有多高。

3. 正确认识危机才能快速化解危机

那些优秀的公司团队从来不会在危机中颤抖不已，因为他们总是能够在正确认识危机的基础上，让危机马上像风一样消散。

——团队信念

正确地认识危机是化解危机的最好办法——只有能够把危机剖析清楚的人，才能够很好地化解危机。

正确地认识危机，这是那些优秀的公司团队化解危机的一种常用办法——它们从来不会在危机来袭之际就人心惶惶，他们会停下前进的脚步，仔细地审视自己，仔细地审视时局，在认清了危机的真实面目之后马上寻找到危机的突破口，最后快速高效地解决危机。

不经历风雨就不会看见彩虹，不经历危机就不会获得飞跃式发展。任何一个公司团队在发展的过程中难免会遇到各种各样的危机，所以这就要求公司团队必须向那些优秀的公司团队学习——学会用积极的眼光去审视危机，分析自己在危机中处于什么样的境地，思考危机会给自己带来什么样的影响，找到走出危机的胜利之路，最终彻底地消灭危机。

【团队之道】 正确认识危机能够使公司团队临危不惧，并且抓住化解危机的主动权，最终让危机变成公司团队迈上新台阶的契机。

4. 危机让团队变得更加团结

当危机像烈火一样在团队中燃烧之时，恰恰是团队最团结的时候，因为只有团结一心才能共渡难关。

——团队信念

那些优秀的公司团队之所以是一支能够驾驭危机的团队，是因为他们清楚地知道：当危机像烈火一般炙烤着团队时，一味的害怕与退缩只会让危机愈演愈烈，让团队遭受更大的损失，面对危机之时只有团结一心迎难而上，哪怕是用自己的热血去浇灭危机这团烈火，也应该无所畏惧。

所以，公司团队管理者最应该做的就是，在危机来临时不要逃避，而是尽最大的力气去激励团队，让团队士气和凝聚力在危机中得到进一步提升，最终在团结一心中击败危机。

因此，我们有理由相信：只要每一个公司团队能够在危机中团结奋进，就能够经得住血与火考验，最终像团结如钢的狼群一样冲破危机的阻碍，成为市场上的铁血军团！

【团队之道】 不怕失败、不怕牺牲、团结一心的公司团队才是最优秀的团队，因为只有这样的团队才能够无惧危机，在竞争激烈的市场上创造属于自己的传奇。

5. 活着为先，猎物其次

我们捕杀猎物是为生存，但是我们生存的目的绝不是捕杀，如果在捕杀之时遇到危机丢掉了性命，那么就违背了捕杀的初衷。

——团队信念

活着为先，猎物其次，这是狼群面对危机之时的一条重要生存法则。可以说，当狼群在每一次捕杀猎物的过程中都会遭遇危机，但是每一次遭遇危机之时狼群都不会死追猎物不放——如果为了猎物而丢掉了生命，那么狼群就是危机面前的失败者。所以，狼群在每一次捕杀猎物遇到危机之时，都会在盯紧猎物的情况下放慢脚步，仔细思考自己下一步该怎么去做，如果危险系数的确太高，那么狼群就会果断地放弃。

在当前激烈的市场竞争中，很多的公司团队为了争取利润不惜冒着团队覆灭的风险去赌一把，很明显，这样的做法简直是愚蠢透顶——利润没有赚到却因为盲目冒进而葬送了整个团队，这简直就是拿着公司团队的未来在下赌注。

所以，奉劝那些激进冒进的创业团队，最好还是向狼群多学习一下，绝不干钱没有赚到把自己搭进去的愚蠢事。

【团队之道】　在利润与危机之间，创业团队一定要做好风险评估，牢记“利润第二，生存第一”的创业法则，如此才能够让公司团队稳健地向前发展。

6. 打造在危机面前绝不退缩的竞争团队

在危机面前选择退缩的团队是最耻辱的团队，因为在危机面前选择不抗争就是一种耻辱。

——团队信念

那些优秀的公司团队在面对危机时，他们最先想到的不是如何在危机中逃离，而是会选择义无反顾地继续拼搏下去——光荣永远都属于临危不退的真勇士，耻辱永远都是临危脱逃者的代名词。

在创业的过程中总是会遇到很多的危机，当在危机面前选择逃脱之际，失败的耻辱也就接踵而来。这个世界从来都是公平的，上帝为你关上一扇门的时候，同时也会为你打开另一扇门，所以我们没有必要因为一扇门的关闭而放弃之前所有的努力，只要能够坚持着继续往前走，我们就会看到另外一扇打开的门。

有人说，创业就是一场战争，商场上的残酷远远比温情多，危机远远比成功多，但是只要自己不退缩，就能够赢得这场战争。所以，对于那些正在危机中感到迷茫，心中老是想着退缩放弃的公司团队来说，现在最应该做的就是坚定自己的信念，继续勇敢地战斗下去，就能够推开那扇通往成功的大门。

【团队之道】 只要公司团队还没有倒下就有希望，只要大家继续在奋力拼搏那么就会赢得胜利——让公司团队向狼群学习，在危机中不后退半步，就能够在战胜危机的同时，打造出一支永不退缩的优秀竞争团队！

7. 居安思危，有备无患

要想成功地消除危机，就必须先学会如何防范危机。

——团队信念

唐代著名诤臣魏征曾对唐太宗说：“内外治安，臣不以为喜，唯喜陛下居安思危耳。”——“国内国外得到治理安宁，臣不认为这是值得喜庆的，只对陛下居安思危感到喜悦。”

要想不受危机的侵害，那么就必须有忧患意识，做到“居安思危，有备无患”。可以说，良好的防范危机的意识一直是那些优秀的公司团队保持强盛的重要原因，他们在每一场战斗之前都会未雨绸缪，提前做好战斗规划，对于各种可能在战斗中发生的意外都做了十足的准备，从而使得狼群在战斗之时不会因为意外情况的发生而被击败。

所以，公司团队管理者就必须拥有居安思危的管理意识，在每一天工作开始前都做好规划，对于各种可能出现的意外情况采取相应的防范措施，只有这样才能够让公司团队少遭遇危机，以稳健快速的发展脚步迈向成功的彼岸。

【团队之道】 居安思危，有备无患，这是减少风险的根本方法——只有时时刻刻做好准备抵御危机侵袭的公司团队，才能够真正强大起来，因为他们遇到危机的概率远远比竞争对手更低，而且他们处理危机的能力远远高于竞争对手。

8. 危机往往藏匿在细节中

危机藏匿在细节中，细节决定成败。

——团队信念

在西方流传着这样一首民谣，曰："丢失一个钉子，坏了一只蹄铁；坏了一只蹄铁，折了一匹战马；折了一匹战马，伤了一位骑士；伤了一位骑士，输了一场战斗；输了一场战斗，亡了一个帝国。"

1485 年 8 月 22 日，著名的博斯沃斯战役打响，这是一场争夺英国统治权的战争。战争开始之前，查理三世命令马夫去准备战马，结果马夫发现最后一块马掌上缺一颗钉子，但是急于出战的查理三世命令马夫不要理会这个小细节，而是立即骑着战马就冲上了前线。但是，一场悲剧也就此开始，当查理三世带领着士兵冲锋陷阵的时候，战马的最后一块马掌却因为少一颗钉子而脱落了，结果是战马突然扑倒在战场上，查理三世马上被对方士兵俘虏——一颗马掌钉，让查理三世输掉了战争，也丧失了他对英国的统治权。

那些优秀的公司团队在每一次行动中都非常注意细节，如果发现有什么地方细节做得不到位，那么他们会马上提高警惕并严格地去排查，直到消除隐患为止。

危机往往都藏匿在细节中，这是很多公司团队管理者都明白的一个道理，但是这个往往大家都注意到的问题却是往往都被忽略掉了，直到危机爆发之后才会引起大家的注意。

那么，公司团队管理者应该怎么做才能够消除藏匿在细节中的危机呢？

(1) 严格要求，绝不破坏规则。危机之所以能够藏匿在细节之中，就是因为对于规则的执行不够严格，最终使得危机有了“容身之所”。

(2) 天下难事，必做于易；天下大事，必做于细。要想成就一番事业，必须从简单的事情做起，从细微之处入手，做好细节既能让工作更完美，也能够让团队少一份风险。

(3) 走精细化发展之路。精细化管理，它是一种管理理念和管理技术，是通过规则的系统化和细化，运用程序化、标准化、数据化和信息化的手段，使组织管理各单元精确、高效、协同和持续运行，它能够让公司团队有效地减少损耗，并且降低经营风险。

【团队之道】　清除细节中的危机，是团队发展的关键。因此，公司团队管理者必须加强监管力度，时刻重视细节的变化，才能够让公司团队安全发展。

9. 坏情绪引发危机，也破坏团结

坏情绪能够让狼群变成一支失控的队伍，让狼群在失控中走近危机走向覆灭。

——团队信念

日本索尼电器企业的创始人盛田昭夫说过：“我从来不轻易发怒，我发怒的时候会影响整个企业，因为所有人都因为我的怒气而变得暴躁，这也是企业会遭遇危机的一个重要原因。”

心理学上著名的“踢猫效应”就充分证明了，坏情绪会引发危机——一天，某企业董事长因为看报看得太入迷以至忘了时间，为了不迟到，他在公路上超速驾驶，结果被警察开了罚单，最后还是误了时间。这位董事长愤怒之极，回到办公室时，他将销售经理叫到办公室训斥一番。销售经理挨训之后，气急败坏地走出董事长办公室，将秘书叫到自己的办公室并对他挑剔一番。秘书无缘无故被人挑剔，自然是一肚子气，就故意找接线员的茬。接线员无可奈何垂头丧气地回到家，对着自己的儿子大发雷霆。儿子莫名其妙地被父亲痛斥之后，也很恼火，便将自己家里的猫狠狠地踢了一脚……

"踢猫效应"告诉我们：人的不满情绪和糟糕心情，一般会沿着等级和强弱组成的社会关系链条依次传递，由金字塔尖一直扩散到最底层，无处发泄的最小的那一个元素，则成为最终的受害者。

所以，公司团队管理者如果经常情绪很坏，那么就会影响整个团队的发展，为团队带来很大的危机——自己的情绪很坏，往往给下属们带来很大的影响。因此，公司团队管理者要想打造一支团结的竞争队伍，就必须让自己、让整个团队每天都有好心情，在好心情中创造辉煌的业绩。

【团队之道】 那些优秀的公司团队管理者会克制自己的情绪，也会让整个团队都不受坏情绪的影响，因为他们深刻地明白：坏情绪会引发团队危机，更会破坏团队的凝聚力。

10. 优秀公司团队在危机中从不慌乱

慌乱本身就是失败的前兆，在危机面前慌乱不择路的公司团队最终只会走向绝路。

——团队信念

"世界股神"艾伦·巴菲特说过："股票下跌一点儿都不值得我们慌乱，我最看重的是下跌带来的投资空间，慌乱大多数时候让人做出错误的判断，冷静看待发生的一切才会赚钱。"

如果说慌乱是让危机偷袭得手的重要原因之一，那么在危机中保持冷静就不失为一种抵御危机的有效方法。那些优秀的公司团队在面临危机侵袭之时，都会冷静地处理问题，因为他们知道：当危机来袭之际，自己越是慌乱情况就越是糟糕，只有冷静地去寻找危机爆发的原因和解决问题的方法，才会成功击退危机的袭击。

所以，对于每一个公司团队而言，在危机面前不慌乱就是他们必须掌握的一个重要生存之法。

那么，当危机爆发之后，公司团队该怎么做才能保持冷静不慌乱呢?

(1) 加强日常应急演练，即便危机发生，因为训练有素就会保持冷静。

(2) 公司团队管理者必须有过人的胆量，在危机发生时首先自己不会慌乱。只要公司团队管理者能够在危机面前保持冷静，做出正确的决断，及时地安抚大家的情绪，那么整个公司团队就会在危机中保持冷静。

(3) 分散对于危机的注意力。如果大家对于危机都不是特别关注，而且继续做自己该做的事情，那么就不会在危机中惊慌失措。

【团队之道】 对于公司团队而言，当危机降临的时候一定不要惊慌失措，因为慌乱就是危机迅速蔓延的沃土。只要公司团队能够冷静地去面对危机，就完全有可能化解危机。

11. 危机与机遇并存

机遇往往披着危机的外衣，只要消除危机中的风险就能得到幸运女神的青睐。

——团队信念

世界著名管理大师杰克·韦尔奇给“企业大家庭”提醒时说道：“一个伟大的企业应该培养鹰击长空的团队，善于在危机中抓住机遇。通过开诚布公的定期绩效评估，让每个员工都清楚自己的角色，并给他们提供充分的提升空间，而不是创造一个让人感觉可以在这里安逸工作一辈子的地方。对我来说，绩效比资历与忠诚度更重要，危机比资源更珍贵。”

当危机真正发生的时候，公司团队管理者应该狠抓团队绩效，清除那些“滥竽充数”的人员，增强团队应对危机的竞争力；改变团队中的一些陋规，不要让团队成员继续像之前一样毫无紧张感，而是应该增强团队成员在危机中的使命感，让他们更加团结更加努力地去工作；抓住机遇进行管理改革，危机往往是因为很多方面的弊病长时间得不到改变而衍生的，因此在危机爆发之后就应该马上进行管理改革，清除弊病，才能够让公司团队顺利地转危为安。

【团队之道】 危机与机遇并存，这并非妄言——只要公司团队管理者能够认真去剖析危机，带领团队成员奋起抵御危机，就能够“捕获”隐藏在危机中的机遇。

12. 危机博弈，重在权变

只有敢于与危机进行博弈，并且深通权变之道的团队，才能无惧危机。

——团队信念

在危机四伏的创业战场上，很多的公司团队在危机面前总是表现得畏手畏脚。不敢博弈，不懂权变之道，像一只等待猎杀的绵羊一样踟蹰不前。

相比而言，那些优秀的公司团队在危机重重的市场上从不会畏惧，他们总是敢于去博弈，能够在灵活机智的权变中抓住消除危机的主动权，从而快速扭转不利局势并迅速出击，最后成为战场上获胜的那一方。

所以，对于任何一支公司团队而言，在危机中敢于博弈，深通权变之道就成为能否战胜危机的关键因素。那么，公司团队在面对危机之时该如何去博弈？如何去权变呢？

（1）及时适应新形势，不要坐以待毙。当危机来临之时，市场上的形势已经发生了很大的变化，这个时候首先要做的就是适应新形势，切勿坐以待毙。因为，只有适应了新形势才能找准博弈的方向，制定出正确的博弈策略，并懂得该怎么去灵活处理。

（2）不同的问题要有不同的解决办法，不要犯经验主义错误。公司团队要想在危机中进行殊死一搏，就千万不能犯经验主义错误，因为每一次危机的发生都有着不同的原因。所以，就要求针对不同的问题找出相应的解决办法，千万不要因为经验主义而败走麦城。

【团队之道】 在危机中博弈固然需要勇气，但是更需要智慧，所以有勇气、会权变的公司团队，才有可能击败危机走出困境。

13. 喜欢单干的员工没有危机意识

喜欢单干的员工对于团队最大的不利影响就是他们没有危机意识，所以没有危机意识的员工往往就是引发团队危机的导火索。

——团队信念

谷歌的创始人拉里·佩奇在一次演讲中说道：“我厌恶那些没有团队意识的员工，更不喜欢那些没有危机意识的员工，一个人总是不能够和别人合作，且从不考虑明天该怎么办，那么他在企业中是不会做出多大的贡献的，可能还会为企业带来很多的不利影响。”

喜欢单干的员工，他们在团队中只顾及个人利益而不为团队的未来着想的做法，最终会让他们成为被淘汰的对象——没有危机意识，做一天和尚撞一天钟，不为团队未来而努力的人，不但干不出漂亮的业绩，还会影响团队的团结，其最终的结局只能是被团队淘汰。

所以，对于任何一名公司团队成员来说，要想不被淘汰，就应该有着强烈的危机意识，时刻为了团队的未来而努力，让自己成为公司团队中不可或缺的人。

【团队之道】 不做团队中的“单干分子”，每一天都将工作做到位，不让自己成为引发团队危机的导火索，就能够让自己和公司团队获得美好的未来。

14. 只要找到方法，就能消除危机

优秀的公司团队来都不会在危机中走向散溃，因为他们总是能够找到消除危机的方法。

——团队信念

杰克·韦尔奇曾经说过：“危机带给企业的可能是失败，但是也可能会让成功来得更早，不过要想让危机变成成功的契机，那就必须找到消除危机的方法。”

那些优秀的公司团队最大的一个优势就是——他们绝对不会因为危机的突然发生就变得迷茫而无措，他们总是能够从容地面对危机，仔细地分析危机，结合团队当前状况去寻找解决问题的方法，从而消除危机，并且在危机中变得越来越强大。

创业绝对不是一个很轻松的事情。曾经有人这样描述创业历程——“一大群人在创业这条路上艰难地向前走着，他们的身边有掌声也有鲜花，但是很少有人注意到他们脚下的荆棘，每一根荆棘就是一场危机，只有能够找到正确的方向、不被荆棘刺伤的人最后才会摘取成功的硕果。”

那么，对于一个正在遭受危机侵袭的公司团队来说，该怎么做才能找到方法消除危机呢？

（1）当危机爆发之时，首先要调整心态。一个积极向上的心态能够让

我们在危机面前更镇定，更能让我们看清危机的危害程度有多大，从而让我们及时找到正确的解决方法。

(2) 当危机爆发之后，一定要寻找到能做对事情的人。危机爆发后最应该做的就是调动能干事会干事的人，才能够有效地去消除危机。

(3) 当危机爆发之后，必须集思广益。危机不可怕，只要大家一起想办法，就总会找到解决问题的方法。

【团队之道】 方法是世界上最强大的武器，因为它能够解决任何问题，危机自然也不会成为例外——公司团队掌握了足够多的应对危机的经验与方法，远远比掌握更多的资金更有效，因为在危机面前再多的金钱都没有正确的方法值钱。

15. 坚持到底的团队才能赢

在风里，在雨里，在火里，在水里，我们从来不会在危机面前屈服，因为只有坚持到底的团队才能够从危机中走向成功。

——团队信念

著名歌手阿杜在《坚持到底》这首歌中唱到："就算时光倒回去，我也追到石器世纪，是你让我看透生命这东西，四个字，坚持到底。"

诚如歌词里面唱的那样，生命的真谛就是四个字：坚持到底。应该可以说，那些优秀的公司团队是最明白一个成功的团队需要什么的——团队的成功离不开凶狠果决的作风，离不开团结奋进的拼搏精神，但是团队能够一次次地化解危机，最离不开就是"坚持到底"这四个字。

如果一个公司团队在危机来临之际，失去了坚持到底的精神，他们还能在危机中继续存活下去吗？答案绝对是否定。所以，这就为公司团队管理者带来了一个新的问题——公司团队如何在危机来临之后继续坚持下去？这个问题的答案是：

（1）要有一个很明确的目标。当危机来临之后，不要着急慌乱，而是应该想清楚公司团队目前该怎么去做，明白该怎么做之后就马上确立一个目标，然后去实现这个目标，在这个过程中公司团队就会逐渐冷静下来，并开始坚持去做。

（2）公司团队管理者要进行有力的鼓动，让大家在危机中充满信心。只要大家都有了信心，那么还有坚持不下去的理由么？

【团队之道】 成功固然有一些秘诀、法则、诀窍，但是，当一个团队在危机中确立自己的奋斗目标之后，那么成功的最后保证永远都是：坚持到底，永不放弃。

16. 善于隐藏自身弱点

狼群多不在阳光明媚的白昼行动，而在伸手不见五指的暗夜里发动攻击，因为黑夜是好的战甲，它将狼群身上的弱点都掩盖了。

——团队信念

古人云："人无完人，金无赤足。"——每一个人身上都有弱点，因为世界上没有十全十美的人；每一个团队都有弱点，因为世界上没有全是优点毫无弱点的团队。

狼群最喜欢在黑夜中向目标对手发动攻击，因为上帝赐予了它们一双在黑夜中泛着绿光的眼睛，可以清楚地看清目标对手身上的每一处弱点，而它们黑色的身躯完全融入在暗夜之中，将自身的弱点完全隐藏，不给对手任何的窥探之机。所以说，狼群之所以会成为黑夜之中最有战斗力的生物种群，就是因为狼群善于利用黑夜来隐藏自身的弱点。

善于隐藏自身弱点，这是每一个公司团队在参与激烈的市场竞争之时都应该具备的能力——只有像狼群一样善于隐藏自身的弱点，才会不给竞争对手攻击自己的契机，只要自身的弱点不暴露在竞争对手面前，就能够牢牢地掌握市场竞争的主动权，在把握竞争局势的情况下伺机向竞争对手发起致命一击。

【团队之道】 善于隐藏自身弱点的公司团队才是最可怕的竞争团队，因为竞争对手根本捉摸不透他们，不知道他们惧怕什么，不知道该怎样向他们发动进攻，只能被动地去等待对方发动进攻。